ちくま新書

対話をデザインする
——伝わるとはどういうことか

細川英雄
Hosokawa Hideo

1417

対話をデザインする——伝わるとはどういうことか

【目次】

まえがき　009

第1章　今なぜ対話なのか　017

1　何のための対話なのか　019

おしゃべりから対話へ／モノローグとダイアローグ／対話によって人は何ができるのか

エピソード01　対話ってだれに向かってすればいいの？——自分との対話

2　自分を語る対話　029

自分を語るとは？——「考えていること」と「表すこと」の関係／自分とことばの関係——「自分探し」に気をつけて！／「自分について語りたくない」という反応——テーマと自分との関係／「自分に向き合う」ということ

エピソード02　テーマを共有する喜び——移民を考えるポルトガルの女子学生との対話

3　対話のわかりやすさとは何か　044

わかりやすさの原理——相手にわかりやすく話すということ／自分のオリジナリティを出す／相手にわかってもらうことと、自分のオリジナリティ／「わかった、わかってもらった」

という共通了解
エピソード03 好きなことをすることで生まれる自信――高校生と祖母との対話

第2章 対話のためのテーマとは何か 061

1 人はテーマを持って自由になる 063
人と人がつながるものとしての対話／自分らしく生きることと、自由であることの意味／社会秩序というきまり／対話は自由になるための入り口／他者の自由を認める対話――テロリズムを生む土壌に気づく
エピソード04 自由と対話のある学校

2 何について対話すればいいのか 076
話題とテーマ／テーマはどこにあるのか／自分のテーマとは何か／情報は思考を停止させる／「知りたい」「教えてあげたい」の不毛／自分のテーマを見つける「なぜ」／〈私〉をくぐらせる――「自分の問題としてとらえる」ということ／「自分の考えを出す」ための視点
エピソード05 対話は、自分の興味関心から始まる――留学生I君のこと

3 「日本人は対話が下手」か 095

言説のありかを明確に／ステレオタイプからの脱却／他者はすべて異文化というブラックボックス／改めて「日本社会」とは何か／自己と社会の関係――個と個が向き合う対話へ／自己・他者・社会という世界へ
エピソード06 「日本人らしさ」と「自分らしさ」――教師志望の留学生Cさんとの対話

第3章 対話をデザインする

115
1 どうしたら他者とつながれるのか――他者理解の方法 117
目が合ったら微笑む／高圧的な態度にどう対応するか／恐れとしての態度／「聞く」と「聴く」／相手の物語を聴く／人はすべて異なる価値観を持っている
エピソード07 他者によって救われる対話体験――彼女はどのようにしてステレオタイプを乗り越えたか
2 自分の言いたいことを明確に表現するには 132
興味・関心から問題関心へ／問題関心から問題意識へ／問題意識を高めるために／問題意識を持って自分のテーマを立てる／私のテーマと生きる目的と――自分のしたいこと、やりた

いことを発見する／そして、テーマは変容する／コミュニケーション能力幻想／「正しさ」からの解放
エピソード08 学習者として教師として――韓国人日本語教師との対話
3 対話による納得と合意 155
対話による自己と他者の連鎖／対話による納得と合意の意味／何のための納得と合意か――相互の生きる目的とテーマの確認／納得と合意はどのようにして生まれるのか――この社会で生きるための基盤／人間存在を表す対話とは
エピソード09 対話はプロセス――挑戦するためのゲーム

第4章 対話することばの市民へ

171
1 この社会でしあわせに生きるために 173
しあわせのかたちとなかみ／やりたいことが見つからないという不安／生きる目的が見出せない理由／管理としての学校教育／「考えない」個人の成立／「考えること」と教育との関係／「学校は一つでなくていい」という方向性／「考えること」と自由との関係／自由と自律

エピソード10 きみは何を考えているの？——帰国生との対話

2 個人が主体として生きる意味 192

社会的行為主体の意味／対話とことばの生活／新しい対話の方向性へ／自己と他者の納得による社会形成へ／一人ひとりのオリジナリティを求めて／テーマ発見のヒント／自分にとってかけがえのないテーマを描く

エピソード11 一人でいることと私——千葉くんの反抗と対話

3 対話することばの市民へ 211

他者とともに生きる社会とは何か／市民性形成とは何か／自律と共生としての市民／生きる目的からことばの市民へ／対話によってことばの市民になる／個人の生き方と対話のあり方／ことばの生活から対話のデザインへ

エピソード12 対話への道——わたしはいかにして対話にたどり着いたか

あとがき 229

参考文献 233

イラスト 七字由布

まえがき

†今、なぜ対話なのか

最近、対話ということばがずいぶん使われるようになりました。

たとえば、「力ではなく対話を」というのは、このところ緊張関係を高めている国際社会政治の世界で話題になっている表現です。

また、日本では、少子高齢化による労働人口の減少にともない、近い将来は、確実に外国人材に頼らざるを得ない状況の生まれることが明らかになっています。

そこでは、いやおうなく文化背景の異なる多様な人たちとともに生きるための日常の生活や仕事における対話のあり方がとても重要な課題となるにちがいありません。

さまざまな人たちとの出会いや交流があるという状況は、わたしたちの社会生活に大きな影響を与えることが想像できます。たとえば、ある人にとっては、価値観や考え方を広く豊かにする場となるかもしれませんし、また、ある人にとっては、異質なものへの寛容性を育む場になるかもしれません。なぜなら、集まってくる人の年齢、職業、母語、ルーツ、などなどは、本当にさまざまだからです。

ただ、考えてみれば、対話とは、人と人がことばによって関係を結ぶということですから、わたしたちの社会生活におけることばによる活動の基本だともいえるでしょう。この対話は、相手が外国人であるかないかとはかかわりなく、実際のわたしたちの日常生活の中で、日々起こっていることであるはずなのです。

わたしたちの生活の複雑な人間関係の中で、さまざまな人たちが暮らす社会において、いろいろな人たちが集う場での対話の役割をどうとらえたらいいでしょうか。また、そこでわたしたちは、だれと何についてどのように対話したらいいのでしょうか。

対話があってわたしたちの人間関係もはじめて成り立つと考えれば、反対に、対話がなければ、そもそも人間として生きることそれ自体がむずかしいかもしれません。対話という活動は、だれにでも共通し、どこにでも起こっていることだからです。

今、ここで、だれでもが日常的に行っているはずの対話について改めて考えるということは、わたしたち一人ひとりが自身の考えをもう一度意識化し、今後の自分自身の生活や仕事の方向性を見つめ直す機会だということでもあります。

†技術は役に立つか

対話には、いろいろな技術が必要と多くの人が思っているようです。たとえば、対話をするためには、いろいろな決まりがあり、それを守らないとうまくできないのではないかという気持ちを持っていませんか。

ところが、あまり対話の技術ということにこだわると、かえって対話はできなくなってしまうのです。これは、ちょうど外国語を学ぶときに、文法規則を間違えたらダメだと思ってしまうと、このことが気になって自由に話せなくなってしまうのとよく似ています。しかも、こうしたスキルの情報は洪水のようにあふれていますから、それらの情報に目を奪われているうちに、いつの間にか、対話の本質を忘れてしまうというようなことがよくあります。

わたしたちが何か活動をするときには必ず具体的な目標があるように、この対話という活動にも、必ず何らかの目標が存在します。むしろ、その目標をめざして、対話があるといってもさしつかえありません。この具体的な内容と目標が、すなわち対話で伝えたいこととは何かということでもあるでしょう。

たとえば、人の話を聞くというような活動にしても、その話の内容に興味があるからこそ聞こうとするのであり、いくら技術的なノウハウを習っても、あなたにその内容や話題への興味と関心がなければ、それまでのことです。

そのことに目を向けずに、形式としての話し方、書き方などをいくら導入しても、ほとんど効果がないばかりか、そうした練習に対する拒否感を生む要因になりかねません。

もちろん、後に述べるように、対話には、それなりの技術や方法が必要であることは否定できません。そうしたものがまったく要らないというのではなく、それを目的化しない、つまりスキルを習得すれば解決する、と簡単に思い込まないことです。

対話という行為は、本来、一人ひとり異なる個別的なものです。一律にルールやスキルの万能薬でモデル化できるものではありません。そのような意味で、対話はその人の人格を表すといってもいいでしょう。ですから、ここでは、対話という活動をむしろいろいろな技術の先にある、もっと大きなものとしてとらえたいと思います。

†つたえたい中身とは何か――話題からテーマへ

では、対話にとって、いちばん重要なこととは何でしょうか。言い換えれば、対話は何を伝えるためにあるのでしょうか。これが対話をめぐる、いちばん大きな課題といえるものです。

これまでは、どうやって人と対話をすればいいか、そのときどんな問題があるか、といった方法や技術だけが議論の対象になってきました。ところが、本当にいちばん大切なのは、その方法・技術ではなく、対話の内容、つまり、対話によって伝えたい中身なのです。

この対話の中身を、いま仮に対話の話題と呼んでみましょう。

たとえば、お昼に何を食べる、日曜日に何をしようか、といった日常的な話題もあれば、新しい企画のプロジェクトの構想や、会社立て直しのためのスタッフ人事のあり方など仕事についてのものもあり、話題の種類と質は本当にさまざまです。

一つ共通しているのは、自分と相手の双方に共通の関心なり方向性のようなものがあるということです。もちろん、この関心や方向性というのは、はじめから同じようにあるものではなく、むしろ、対話のプロセスの中で、次第に生まれてくる場合も少なくありません。両者の関心が高まれば高まるほど、またその話題についてのお互いのメッセージが交換されればされるほど、話題についての対話の内容はより深まっていきます。

では、多種多様な話題の中で、あなたと相手が対話を展開していくために必要なものは何でしょうか。

これをわたしはテーマと呼んでいます。テーマというのは、自分の興味や関心とともに、自分の中にあって、その動きによって、わたしたちは、さまざまな決定をしているものです。

たとえば、自分にとって、この話題はどのような意味があるか、この話題について対話することで、結局、わたしはどのような解決を望んでいるのか、といった深いところにあるもの、これがテーマです。

†あなたはこの本をどう読むか

第1章「今なぜ対話なのか」では、対話をするにあたっての全体の枠組みを示します。この本の根底にある「対話」の問題を示しつつ、その上で、それぞれの生活や仕事の中で、対話とはだれに向かって何をどのようにすることなのかという、対話活動の構えについて考えてみました。

第2章「対話のためのテーマとは何か」では、何を対話のテーマにするのかという課題を扱います。そしてこのことは、この本の大きな特徴になります。なぜなら、対話のテーマを決めるのは、あなた自身しかいないという立場でこの本は書かれているからです。まず、テーマを決めるための方策を記述し、その考え方の背景として、あなたの周囲にある「情報」との付き合い方を、そして、あなた自身の中にある、さまざまな問題へのいろいろな関心を、どのようにして一つの問題意識、すなわちテーマへと収斂させていくかを述べます。

第3章「対話をデザインする」では、いよいよ自らの興味・関心から自分自身のスタイルの発見へ、という対話のデザインの道筋について考えます。ここでは、対話そのものをデザインすることと、その意味と方法について考えてみましょう。

第4章「対話することばの市民へ」では、少し大きな観点から、自己・他者・社会の関係について、対話が果たす役割について考えることにします。ここでは、あらためて対話する相手とはだれかということを課題化した上で、その対話と自由であることの意味、個人が自律することと他者との共生など、対話することの意味とその責任について検討します。このことから、人が対話という活動によって一人の市民、すなわちことばの市民になることの意味と課題について考えます。

各項のはじめにある、いくつかの問いは、読者のみなさん一人ひとりに考えていただくために用意したものです。この問いのわたしなりの答えを本文中に書きました。ちょうど筆者であるわたしと読者であるあなたが対話をする場をこの本の中で形成しようという試みです。

それぞれの項のおわりのエピソード01～12は、対話という活動によって、新しい自分を発見したり、知らず知らずのうちに閉じていた自分に気づいたりした、わたし自身のさまざまな活動例の中からいくつかを紹介するものです。あなたが元気に対話するための素材として参考にしてみてください。

第1章 今なぜ対話なのか

ここでは、対話をするにあたっての全体の枠組みを示します。

この本の根底にある「対話」の問題を示しつつ、それぞれの生活や仕事の中での、さまざまな課題について考えます。

その上で、対話とはだれに向かって何をどのようにすることなのかという、対話活動の構えについて考えてみます。

1　何のための対話なのか

◎おしゃべりと対話、モノローグとダイアローグは、どう違うと思いますか。
◎対話は何のためにあるとあなたは思いますか。
◎対話について考えることは、あなたにとってどんな意味がありますか。

†おしゃべりから対話へ

今、対話とは何かと考えると、どのように説明できるでしょうか。とても簡単にいえば、「相手と話すこと」ということになるでしょうか。

しかし、一方的に相手に話しかけても、その相手がこちらの言っていることに耳を傾けてくれるかどうかは、だれも保証できません。

相手の目をしっかり見て、きちんと語りかけること、巷の話し方講座等ではこんなアドバイスがあるかもしれません。そのとき、しばしば出るのは、「思ったことを感じるままに話してはダメだ」という意見ですね。思ったことを感じるままに話すと、お互いに感情的になってしまい、解決すべきことがなかなかうまく運ばない等々。

しかし、「思ったことを感じるままに話す」ことそれ自体が悪いことだとは、わたしは決して思いません。むしろ「思ったことを感じるままに話すべき」であるとさえ思うほどです。

ただ一つ、思ったことを感じるままに話すと、それがおしゃべりになってしまうという大きな課題があります。

ここでいう「おしゃべり」とは、相手に話しているように見えながら、実際は、相手のことを考えない活動だからです。少しむずかしくいうと、他者不在の言語活動なのです。でも、相手があって話をしているのだから、他者不在とはいえないのではないかという質問も出そうですね。

たしかに、おしゃべりをしているときは、相手に向かって話しかけてはいますが、ほとんどの場合、何らかの答えや返事を求めて話しているのではなく、ただ自分の知っている情報を独りよがりに話しているだけではないでしょうか。そこでは、他者としての相手の存在をほぼ無視してしゃべっているわけです。だからこそ、思ったことを感じるままに話すことには注意が必要なのです。

「あのことが、うれしい、悲しい、好きだ、嫌いだ」というように、自分の感覚や感情をそのままことばにして話していても、相手は、「へえー、そうですか」と相槌を打つだけ。今度は相手も自分の思いを語りはじめ、それぞれに感じていることや思っていることを吐き出すと、お互いなんだかすっきりして、なんとなく満足する。こういうストレス発散の点では、おしゃべりもそれなりの効果をもっていますが、その次の段階にはなかなか進めません。

†モノローグとダイアローグ

このように、いわゆるおしゃべりの多くは、かなり自己完結的な世界の話ですから、そのままでは、それ以上の発展性がないのです。その意味では、おしゃべりは、相手に向かって話しているように見えても、実際は、モノローグ（独り言）に近いわけでしょう。表面的には、ある程度、やりとりは進むように見えますが、それは、対話として成立しません。ここにモノローグであるおしゃべりとダイアローグとしての対話の大きな違いがあるといえます。

ちょっと余談になりますが、カルチャーセンターの講演会や大学の講義などでも、こうしたモノローグはよく見られます。本来、聴衆や学生に語りかけているはずなのだけれど、実際は、自分の関心事だけを自己満足的にとうとうと話している、これはまさにモノローグの世界ですね。

これに対して、ダイアローグとしての対話は、常に他者としての相手を想定したものなのです。自分の言っていることが相手に伝わるか、伝わらないか、どうすれば伝わるか、なぜ伝わらないのか、そうしたことを常に考えつづけ、相手に伝えるための最大限の努力をする、その手続きのプロセスが対話にはあります。

対話成立のポイントはむしろ、話題に関する他者の存在の有無なのではないかとわたしは考えます。実際のやりとりに他者がいるかどうかだけではなく、話題そのものについても「他者がいる話題」と「いない話題」があるということなのです。つまり、その話題は、他者にとってどのような意味を持つかということが対話の進展には重要だということです。

したがって、ダイアローグとしての対話行為は、モノローグのおしゃべりを超えて、他者存在としての相手の領域に大きく踏み込む行為なのです。

言い換えれば、一つの話題をめぐって異なる立場の他者に納得してもらうために語るという行為だともいえますし、ことばによって他者を促し交渉を重ねながら少しずつ前にすむという行為、すなわち、人間ならだれにでも日常の生活や仕事で必要な相互関係構築のためのことばの活動だといえるでしょう。

†対話によって人は何ができるのか

では、このようなダイアローグとしての対話によって人は何を得ることができるのでしょうか。あるいは、今、対話について考えることは、わたしたちにとってどのような意味を持つのでしょうか。

まずあなたは対話ということばの活動によって相手との人間関係をつくっています。

その人間関係は、あなたと相手の二人だけの関係ではなく、それぞれの背負っている背景とつながっています。

その背景は、それぞれがかかわっているコミュニティと深い関係があります。

相手との対話は、他者としての異なる価値観を受け止めることと同時に、コミュニティとしての社会の複数性、複雑さをともに引き受けることにつながります。

だからこそ、このような対話の活動によって、人は社会の中で、他者とともに生きることを学ぶのです。

このように、対話は、個人と個人が何かの話題について話し合うことだけではなく、それぞれの個人がことばを使って自由に活動できる社会の形成へという可能性にもつながっていきます。なぜなら、ことばを使って自分の考えていることを他者に伝えるという行為は、自分自身の個人的な私的領域から他者という未知の存在へ働きかける公的領域への行為だからです。

あなたにとっての対話という活動は、あなた自身がことばを使って自由に活動できる社会の形成のための重要なカギになるといえるでしょう。

エピソード01 対話ってだれに向かってすればいいの?——自分との対話

「対話ってだれに向かってすればいいのですか?」

最近、知り合いのある女性(Aさん)からこんな質問を受けたとき、考えたことがあります。

対話とは何かと真正面から問われると、なかなか答えにくいものです。対話とは何か、という抽象的な質問よりも、具体的にだれと対話するのかという問いのほうがずっとわかりやすいと思いました。

A「対話ってとても大事だと思うけれど、具体的にどうしたらいいかわからなくて」

私「たとえば？」

「たとえば、だれとどんな対話をしたらいいのかわからないし」

「対話をしたいという気持ちはあるんですね」

「もちろん、対話ってなんかいいことのような気がするし」

「対話がいいことかどうかわからないけど、対話したい相手がいるなら、その人としたらどうですか」

「いるような、いないような、かな」

「何か人間関係で困っていることがあるのかしらん」

「だれかと何か問題を起こしているわけではないのよ」

「じゃあ、対話でどんなことを解決したいと思っているわけ？」

「人とやりとりをすることが苦手で、相手を理解しようとしてとても気を遣ってしまうし、そのことだけで疲れてしまうの」

人の悩みのほとんどは、人間関係にあるといわれています。学校や職場や仕事など、さまざまなところで出会う人たちとの関係がうまくいかないという話もいろいろなところで聞きます。

だから対話によって、その問題を解決したいと考えるのは、考えてみれば、しごく当然のことなのかもしれません。

しかし、通常、対話経験の自覚のない人にとって、対話をするということは、何か特別なことを話さなければという強迫観念に迫られることのようでもあります。いや、本当は、知らないうちに自分自身とは対話をしているのですが、そのことに自覚的になっていないというほうがいいかもしれません。

私は何が好きなのか、興味・関心は何か、自分は何がしたいのか、何ができるのか、そしてそれはなぜなのか。こんな自分との対話の経験を持っているかいないかで、対話に対する考え方も大きく変わってきます。

・今、いちばんしたいことは?

・自分がいちばん大切にしていることは？
・わたしの興味・関心って何？

こういう質問を自分に投げかけてみると、他者との関係や世界の見方もずいぶん違ってくるはずです。今の状況とこれからの方向は、不思議なことに、必ず自分の興味・関心とつながっているからです。

だから、この興味・関心のルーツをしっかりたどることが、すなわち自分と対話することなのです。これが、この本の中で「テーマの発見」と呼んでいるものです。


私「自分のしたいこと、やりたいことはなんだろうと考えたことある？」

A「自分のしたいこと？」

「お昼に何を食べたいとか？」

「いやいや、そうではなくて、これからの人生でどうしてもやりたいことかな？」

「そんなこと考えたこともない」

「どうして？」

「どうしてって……理由はないけど」

「たとえば、小学校では、将来何になりたいかってスピーチさせられるんじゃないの？」

「そう、でも、高校のときは、好きなことを仕事にしちゃいけない、って言われた」

「えー、どうして？」

「世の中はそういうもんだって」

「そうかなあ、もっと好きなこと、したいことを考えたらいいのに」

「それってあり、なんですか？」

「今、いちばんしたいこと、自分がいちばん大切にしていること、わたしの興味・関心って何って、自分に訊いてみることじゃないかな」

2　自分を語る対話

◎あなたは「自分を語る」経験をしたことがありますか。
◎そのとき、「自分について語りたくない」と思いましたか。
◎その気持ちは、どこから来ると思いますか。それはなぜですか。

†自分を語るとは？——「考えていること」と「表すこと」の関係

この本では、対話という活動の一つの原理を、「私のテーマ」の発見だと考えています。なぜなら、社会文化の現象についてどんなにくわしく調べても、「なぜ、この私がそれについて調べるのか」という問題意識がなかったら、インターネット上のウィキペディアのコピーに過ぎません。

「なぜ、この私が」というところに注目し、それを自分のことばで考えてみる、ここに、あなた自身の対話活動のオリジナリティがあります。

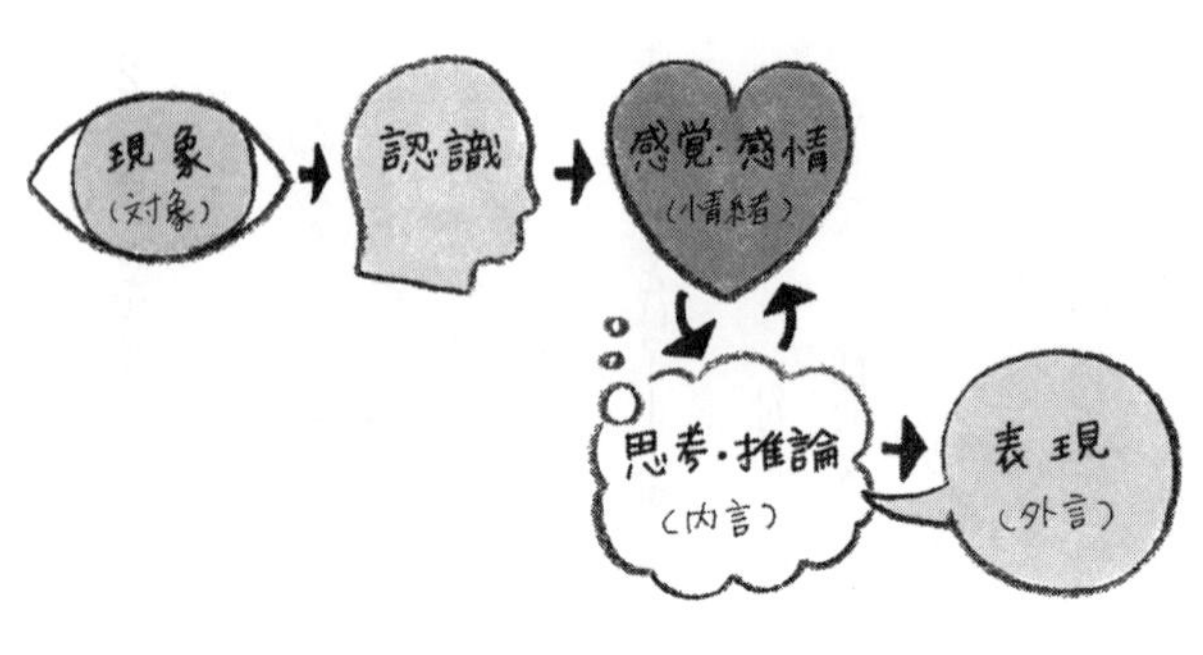

ただ、自分を語るというと、どうしても「自分とは何か」というような話になります。

この課題は、哲学をはじめ、心理学・教育学等のさまざまな分野で長い間考えられていることですが、ここでは、個人の「考えていること」と「表すこと」、つまり思考と表現の関係として検討してみることにしましょう。少しむずかしいと感じるかもしれませんが、ちょっと付き合ってみてください。

上の図の示すことは、以下のようなことです。

あなたには、まず自分の周りの現象（対象）が目に入ってきます。

それについて、あなたは何らかの認識をしますが、そのときに重要な役割を果たすのが、感覚・感情（情緒）です。この作用によって、ストップがかかったり、あるいはエンジンがかかったりというように、無意識の判断が下されるわけです。

エンジンがかかったとき、それは、思考・推論（内言）にすすみ、それがさらに表現（外言）として姿を現します。内言というのは、外側からは見えない自分の中にあることば、外言というのは、外側に現れたことばのことです。すなわち、内言が外言として姿を現すという意味は、外側から見てわかるようになるということです。そして、この段階に至って、あなたは自分自身の考えていることをはじめて自分のことばとして自覚するに至るのです。

この外側に現れた表現（外言）に、他者が反応し、いわゆるインターアクションと呼ばれる相互関係作用が起こります。このプロセスの総体が、言語活動、いわゆる言語コミュニケーションと称されるものです。

このように、人がものを考え、それを表現していくという行為は、感覚・感情（情緒）に支えられた思考・推論（内言）を、身体活動をともなう表現（外言）へと展開していくことだということができます。話したり書いたりするという活動は、まさしく、この自分の中の思考と表現の繰り返しの上に成り立つ作業であり、この往還の活性化こそが、言語活動そのものの充実につながる働きをしているわけなのです。

ここでとくに重要なのが、自己と他者の相互理解のプロセスです。

自己の内部での思考と表現の往還と同時に、自分と相手との間で起こる相互理解、すなわち、相手の表現を受け止め、それを解釈して、自分の考えを述べる、そうして、自分の表現したことが相手に伝わったか、伝わらないかを自らが確かめることによって、自分の「言いたいこと」「考えていること」がようやく見えてくるということになるのです。

しかも、このとき見えてきたものは必ずしも当初自分が言おうとしていたものとは同じではないことに気づくでしょう。というよりも、当初の自らの思考がどのようなものであるかはだれにもわからず、この自己と他者の間の理解と表現のプロセスの中で次第に形成されるものと考える方が適切でしょう。つまり、自分の「言いたいこと」というものは、そんなにすぐにはっきりと相手に伝えられるようなかたちでは、ことばとして取り出すことがむずかしいということでもあります。

このように考えると、「私」は個人の中にあるというよりもむしろ、他者とのやりとりの過程にあるというべきかもしれません。「自分」というようなものも、実体としてどこかに厳然とあるというよりも、あなたと相手とのやりとり、つまりは、あなたを取り囲む環境との間にあるということになります。それは、あなたの固有のオリジナリティは本当にあなたの中にあるのか、という課題とつながっているのです。

†自分とことばの関係――「自分探し」に気をつけて！

あなたは、成長する段階でさまざまな社会や文化の影響を受けつつ、いろいろな人との交流の中ではぐくまれてきました。同時に、あなた自身の経験や考え方、さまざまな要素によって、あなたにしかない感覚・感情を所有し、その結果として、今、あなたは、世界にたった一人の個人として存在しています。この世に、あなたにかわる存在は、どこにもないということができるでしょう。

そして、このことによって、あなたが見る世界は、あなた自身の眼によっているということもできるはずです。つまり、あなたのモノの見方は、すべてあなた自身の個人メガネを通したものでしかありえないということです。

あなたが、何を考えようが、感じようが、すべてが「自分を通している」わけで、対象をいくら客観的に観察し、事実に即して述べようとしたところで、実際、それらはすべて自己を通した思考・記述でしかありえないということになります。どんな現象であろうと、「私」の判断というものをまったく消して認識することはありえない、ということになるのです。

しかも、この自己としての「私」は、そうした、さまざまな認識や判断によって少しずつつくられていく、あるいは少しずつ変わっていくということができます。

これまで出会ったことのない考え方や価値観に触れ、自らの考え方を振り返ったり、更新したりすることを通して、「私」は確実に変容します。

ですから、はじめから、しっかりとした自分があるわけではないのです。

ここに、いわゆる「自分探し」の罠があります。

本当の自分を探してどんなに自己を深く掘っていっても、何も出てきません。ちょうど真っ白な原稿用紙を前にどんなに頭をかきむしっても何も書けないのと同じです。

「自分」とは、「私」の中にはじめから明確に存在するものでなく、すでに述べたように、相手とのやりとり、つまり他者とのインターアクションのプロセスの中で次第に少しずつ姿を現すものです。

このように考えることによって、あなた自身を「自分探し」から解放することができるのです。そして、本当の自分とは、はじめから「私」の中にはっきりと見えるかたちで存在するものではなく、自分と環境の間に浮遊するものとしていつのまにか把握されるのです。

では、自分というものが他者との関係の中にあるとすると、そのような「自分」について語るとはどのようなことなのでしょうか。

†「自分について語りたくない」という反応――テーマと自分との関係

ところで、この「自分を語る」ということを話題にすると、必ずといっていいほど出てくるのが、

「自分のことを人に語りたくない」
「他人に自分のことを知られたくない」
「自分の話を他人にするのは恥ずかしくて嫌だ」

といった反応です。

それは、あたかも自分の個人的なプライバシーを他人から無理やり抉(えぐ)り出されるような、不当な感覚を覚えてしまう人が多いということのようです。

では、「自分のことは語りたくない」という反応はどこから生まれてくるのでしょうか。

これは、自己というものが、自分の中にあって、それを見せることは、ふだんは隠れて

れます。

いる「本当の自分」を人前に晒すことだという感覚・感情によるものではないかと考えられます。

往々にして、なぜ自分のテーマを相手に提出するのかという自分自身の構えのないまま、そのテーマと正面から向き合わざるを得なくなった場合に、こうした反応は現れます。

テーマと向き合うというのは、そのテーマと自分との関係について考えるということです。ですから、自分を語るということは、テーマと自分との関係を語ること、つまり、自分の内面と対峙するということなのです。テーマと向き合うことは、このような要求に応えることになります。

このとき、もし「私にとって、テーマとは何か、このテーマは私にとってどんな意味があるか」という問いをあなた自身が持っていなければ、その要求は耐え難いものになるはずです。その結果、あたかも周囲からそのような状況に陥れられたという被害妄想的な気持ちになるのです。そして、そのこと自体が、自分で考えて自分のことばで話すという行為から自ら疎外されることの不幸に気づいていないということでもあるのです。

もちろん、人が具体的に何を語るかは、その個人のまったくの自由です。だれも語りたくないことを語ることを強制することはできませんし、強要すべきでもありません。

これは後からくわしくお話しすることになると思いますが、自分のテーマと向き合うということは、「自分のしたいこと、やりたいことは何か」という自分の願望をしっかり見定め、そのために自分に何ができるのかということを考えることなのです。

この世の中には、自分自身が知識を正確に記憶することや、知識や情報を的確に人に伝えることに苦手意識を持っているという人が、とても多いのではないかと思います。

さらに、ことばで伝えるということは、そうした知識や情報を伝えることだと思いこんでいる人が大勢います。ここには、「自分のテーマ」が存在しません。多くのコミュニケーション障害といわれているものは、ここから来ているのではないかとわたしは思います。

それはなぜか。この問題について考えていくことも、この本の一つの課題です。

†「自分に向き合う」ということ

自分の言いたいことを、自分のことばで語る、自分のことばで相手に伝えるということは、同時に、「自分に向き合う」ことでもあります。

なぜなら、自分にとって自明であるはずの、さまざまな思考や表現についてもう一度考えるということは、わたしたち一人ひとりが自身の考えをもう一度意識化するということでもあるからです。

自分に向き合うとは、「わたしは何を考えようとしているのか」を自分自身に問う、自分との対話だと考えることができます。

そのために、自分は何に興味・関心があるのか、それは、自分の選んだ話題が、自分の本来の興味・関心とどのようにつながっているかを考えることでもあります。

そしてそれは、やや大げさにいえば、自分がなぜこのような人生という課題を選んだのかを考えはじめることでもあります。

このように考えると、自分に向き合うということは、自分を相対化し、他者との関係の中で、自分がどのような個人であるかを明確にしようとすることであるとわかります。いわば自分で自分自身に向かって「わたしはだれ?」と問いかけるようなものです。

南米の教育学者パウロ・フレイレ(一九二一—一九七)が、書く力を身につけることは自己を取り戻すことだとして識字教育を提案したのは、こうした、自分と向き合うことを示唆したものでした。

自分にとって、この話題はどのような意味があるか、この話題について対話することで、結局、わたしはどのような解決を望んでいるのか、といった自分自身の深いところにある

〈何か〉、この何かが、それぞれの人にとってのテーマです。

自分に向き合うとは、このテーマと自分との関係、すなわち、自分自身の立てたテーマが、自分の本来の興味・関心とどのようにつながっているかを通して、自らを相対化し、自らが何者であるかを自覚することなのです。

この世で生きていくということは、自分のしたいこと、やりたいことをどのようにテーマ化し、それについて他者とともに実現していけるか、ここに考える個人の使命があるといえるでしょう。対話の活動とは、そうした個人の使命を、ことばによって引き受け、他者とのことばの活動の場を形成する営みだということなのです。

エピソード02　テーマを共有する喜び——移民を考えるポルトガルの女子学生との対話

二〇〇七年から〇八年にかけての一年間のフランス滞在の折に、パリ西北にあるセルジ・ポントワーズ大学のミュリエル・モリニエさん（現パリ第三大学）のクラスに半年間通いました。彼女がやっている自分誌ポートフォリオ活動の参与観察のためです。自分誌ポートフォリオというのは、auto biographie と呼ばれるもので、自己をめぐる、過去から現在までのさまざまな出来事を記録し、それを蓄積させて「自分とは何か」を考える活動です。

このクラスの学生たちの中に、ポルトガルからエラスムス交流協定の奨学金でフランスに来た、若い女子学生カチアがいました。クラスの初めごろはほとんど発言をしない、おとなしい学生でした。

フランス語があまりできないので、自信がない、間違いを訂正されると怖いので、なるべくしゃべらないようにしていると本人から直接聞きました。

クラスの何回目かにカチアの発表の順番が回ってきました。

親戚がフランスに移民をしている、そして自分はポルトガルから留学してきたのだけれども、自分自身がフランスに「移民」するかどうかを迷っているという内容でした。当初、「移民」という表現を知らず、「引越し」という日常語を使っていたのですが、クラスメイトに指摘されてはじめて気づいたようです。発表というには、あまりにもまとまりがなく、自分の不安を訴えているような内容でした。

これに対して、こういう本を読んだらいいとか、こういう人に話を聞いたらどうかとか、どういうインタビューをするのか、というような、いろいろな質問や意見が活動の仲間たちから出ていました。

カチアは、とても自信がなさそうで、クラス活動の後、一人残って、よくモリニエさんに相談していました。学生たちの相談にわたしも時折乗ることがありましたが、なかなかテーマが決めきれず不安に思っているカチアの様子は、日本でのわたしの対話の活動に参加してくる学部生の状況とよく似ていると感じました。

モリニエさんとカチアの間では、次のようなやりとりが行われていました（M＝モリニエ、C＝カチア）。


M「どんなインタビューがしたいの？」

C「親戚で移民している人がいるので、訊いてみようかと思います」

「どんなことを訊くつもりかしら？　ライフストーリーの方法で」

「ライフストーリーって何ですか」

「その人の生活や仕事のことなどを物語として聴くということ」

「それはどんな方法があるんですか」

「特別な方法はないのよ、とにかくこちらからはあまり話さないで、相手の話をじっと聴くこと」

「ちょっと自信ないんですけど、聴くのは、個人的なことですか」

（Muriel MORINIE 提供）

「個人的なことだから重要なんじゃない」

その次にカチアに発表の順番が回ってきたのは、一カ月半後でした。

このときは、親戚の人へのインタビューの内容が紹介され、話がずいぶん具体的になっている印象を受けました。パリの東にある移民博物館に行ってそこでの講演から示唆を受けたという話も同時にしていました。このプロセスの中で、彼女はずいぶん話をするようになり、文章もメモ書きからかなりまとまったものに変化してきたことがわかります。自分の目標へ到達する様子をイラスト（カチアの絵参照）を添えて書いてきた発表は、クラスの仲間たちにもわかりやすいという評価を得て、だんだん自信がついてきたようでした。

学期末最後のプレゼンでは、ずいぶんしっかりしたレポートに仕上がっていました。移民するかどうかはまだ決められないけれど、この活動の中で、それについて考えることができた、というのが彼女の結論でした。私は参与観察者として、彼女が何を考え何に悩み何について喜んでいるかということに、自分は関与できないけれども、ただし、その現場に立ち会っているという思いを強く持ちました。

モリニエさんとは、パリ市内への帰りの郊外電車でよく話をしましたが、この女子学生が自分の励ましによく応えてくれたと何度も口にしていました。

なぜカチアは、さまざまな困難の中で、自分のテーマに向き合うことができたのでしょうか。これはおそらく彼女にとってかけがえのないテーマだったからではないでしょうか。たとえば、移民ということばは、このポルトガルの女子学生にとって最初から出てきたわけではありませんでした。それは活動でのディスカッションの中から出てきたのです。クラスでのやりとりの中でこそ、カチアは自らのテーマを発見し、それを展開させることができたといえます。自分にとってかけがえのないテーマをクラスメイトと共有する喜び、これこそが彼女のしあわせだったのではないかと思います。

3　対話のわかりやすさとは何か

◎あなたにとって対話のわかりやすさとはなんでしょうか。
◎ことばの構造や形と対話のオリジナリティには、どのような関係があるでしょうか。
◎あなたにとってお互いにわかりあえたと思う瞬間はどんなときですか。

†わかりやすさの原理——相手にわかりやすく話すということ

自分を語るための対話という行為の原理が「私のテーマ」の発見だとすれば、自分の「考えていること」をどのように「表す」かが実際の対話活動での具体的な課題となります。

では、自分の言いたいことを相手に伝えるためには何が必要なのでしょうか。

それは、まず相手にわかるように話すということになります。では、相手にわかるように話すということはどういうことなのでしょうか。

対話を成立させるためには、さまざまな方法やルールがあり、何でもいいというわけにはいきません。ただ、とにかく相手に伝わらなければ意味がないのですから、いずれにしても、相手にわかってもらうという意味で、「わかりやすさ」を追求していくことが重要です。

ここでは、そのわかりやすさを「自分の言いたいことがどのようにしたら相手に伝わるか」という点からできるだけ具体的に考えてみましょう。

もちろん、一口にわかりやすさといっても、いろいろなレベルや側面があります。最近話題になっていることで、「やさしい日本語」を使おうという動きもあります。

これは、官公庁をはじめとして、いろいろな自治体のつかうことばが、とくに外国人やお年寄りにわかりにくくなっているため、「やさしい日本語」に言い換えるという活動です。

もともとは阪神淡路大震災にはじまり、三・一一の災害をきっかけに、日本に暮らす外国人のためにわかりやすい日本語を、という趣旨で知られるようになったものですが、その後、日本人のためにも必要であることが指摘されるようになり、最近は公共表示その他の分野に拡大され、大きな広がりを見せています。

具体的には、次のようなことが指摘されています。

「やさしい日本語」にするための12の規則

（1）難しいことばを避け、簡単な語を使ってください

（2）1文を短くして文の構造を簡単にします。文は分かち書きにしてことばのまとまりを認識しやすくしてください

（3）災害時によく使われることば、知っておいた方がよいと思われることばはそのまま使ってください

（4）カタカナ外来語はなるべく使わないでください

（5）ローマ字は使わないでください

（6）擬態語や擬音語は使わないでください

（7）使用する漢字や、漢字の使用量に注意してください。すべての漢字にルビ（ふりがな）を振ってください

（8）時間や年月日を外国人にも伝わる表記にしてください

（9）動詞を名詞化したものはわかりにくいので、できるだけ動詞文にしてください

(10) あいまいな表現は避けてください
(11) 二重否定の表現は避けてください
(12) 文末表現はなるべく統一するようにしてください

弘前大学人文学部社会言語学研究室のホームページより
http://human.cc.hirosaki-u.ac.jp/kokugo/EJ9tsukurikata.ujie.htm

これを見ていただくと明らかなように、「やさしい日本語」は、ことばの構造や形、その使い方に注目しています。

ただ、わかりやすさという点に関しては、ことばの構造や形をやさしくすればいいというだけにとどまらないとわたしは思います。

もっとも大切なことは、人と人がやりとりをするということを前提として、その個人間の意思の疎通が十分かどうかということなのです。

いろいろな要素が複雑に絡んでいるため、一概にこうすれば大丈夫ということは簡単に言えないのですが、少なくとも、ことばの構造や形以前に、相手に伝えたいことが「どのような意味を持っているか」だと思います。

自分の言いたいことの意味が定まっていないと、おのずと、ことばの構造や形もごちゃごちゃになってきて、結果として、「あなたの言っていることはよくわからない」となります。

では、相手に伝えたいことに「意味を持たせる」にはどうしたらいいのでしょうか。

わかりやすさについて考えるとき、話の内容の意味を問うのは、いかにも当たり前のように思う人も多いと思いますが、これが意外にむずかしいのです。

「内容に意味がある」ということは、言い換えれば、自分と相手の間で内容に関して意味を共有できるかということです。

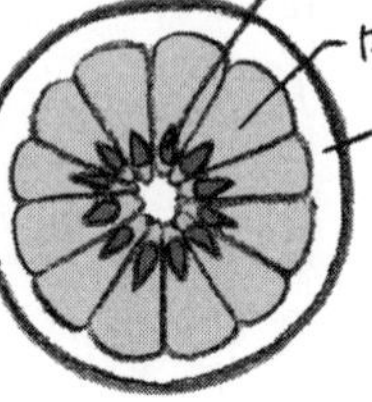

ただし、一人ひとりの思考（内言）の内部がどのようになっているかはだれにもわかりません。思考と表現の関係は、表わされた形としての表現（外言）によってしか判断できないわけです。ですから、あなたの言いたいことは、表現の形として受け取られ、そこに内容的な意味の整合性があるかという観点から相手によって判断されます。この意味

の整合性を相手と共有することが、その人を納得させるための唯一の根拠になるといってもいいでしょう。

相手にわかるようにするためには、相手との間に内容として意味のある明確な表現に組み立てていくことが必要です。これがすなわち、伝えたいことの意味を明確にすることです。

このように、自分と相手との関係において話の内容の意味を明確にすることで、あなたの考えを的確に相手に伝えることが可能になります。これが対話の最初の目的となるのです。

その次に行うのが、「やさしい日本語」に代表されるような、ことばの構造や形の調整、すなわち、「伝えたいこと」の中身と形式の一致の作業ですね。

†自分のオリジナリティを出す

自分の言いたいことを相手に伝えるためには、その内容の意味を明確にすることだと述べましたが、意味を明確にするということは、すなわち対話の中で自分のオリジナリティを出すことにつながります。オリジナリティというと、何か突飛なもの、特異で変わったものというイメージがあるかもしれませんが、そうではありません。ここでいうオリジナリティ（固有性）とは、他からの借り物でない、自分のことばという意味です。

対話が自分の考えを明確にするという性格のものである以上、この問題は避けて通れません。なぜ対話で、自分の考えを明確にしなければならないかといえば、話す／語るという行為において、あなたがめざすものは、最終的には、あなたでなければできないものを求めるからです。これが、自分のオリジナリティを出すということです。

従来の考え方では、さまざまな対話の現象を分析し、そこで得られた成功モデルを応用することで、よい対話ができるだろうと考えられてきました。

ところが、この考え方の最大の問題点は、この分析とモデル生成が目的化してしまい、その成功モデルを得るための目的主義（目的以外は何も見えなくなってしまうこと）に陥ってしまったことなのです。

もしその分析結果をモデル化してマニュアルを作成し、だれでもできるものが出来上がるならば、皆同じようなステップを踏んで同じように上達することでしょう。

ところが、現実はそうではありません。モデルを示されたからといって、皆同じようになるわけではないのです。さらに、あたかもそうであるかのような幻想を抱かせることが、学習や教育の目的となってしまっているところに問題があります。

この世界に、まったく同一の個人が二人といるはずはありません。どんな人でも人間であるかぎり、何らかのオリジナリティを持っているといえるでしょう。したがって、その人、つまりあなたの存在そのものが固有なのだということができます。

では、そのオリジナリティについてそれぞれの人がお互いに認識し、それを尊重できているかというと必ずしもそうではありません。

このことを表現活動としてとらえたとき、忘れてならないのが、前節までで述べてきたとおり、テーマを自分の問題としてとらえるという観点です。つまり、対話という表現活動において大切なことは、それぞれ一人ひとりの活動にそれぞれのオリジナリティをどのようにして表現するかということになるわけです。言い換えれば、個人一人ひとりの中にあるものをどのようにしてそれぞれが認識できるようにするか、という課題なのです。

そのことを自覚的に行うために、対話という行為は、一人ひとりの「私」を通して行われなければならない、つまり「あなたでなければ語れないこと」を話すのだ、ということになります。これが、対話の中で自分のオリジナリティを出すということです。

このことにより、自分のことばで語られた内容は、必ずや相手の心に届きます。これが、話の内容の意味を明確にする、すなわち、わかりやすく話すということにつながるのです。

†相手にわかってもらうことと、自分のオリジナリティ

相手にわかるように話すことと、自分のオリジナリティを追求することは、一見矛盾する反対のことのように感じる人もいるかもしれません。しかし、この二つは、それぞれバラバラに存在するものではないのです。

伝えたいことを相手にわかるように話すことが自分と他者の関係における課題であるのに対し、オリジナリティを出すということは、自己内の思考を整理・調整する課題であるといえます。この二つをどのようにして結ぶかということが、対話という活動の課題でもあります。

どんなにすぐれたもののつもりでも相手に伝わらなければ、単なる独りよがりに過ぎません。また、「言っていることはわかるが、あなたの考えが見えない」というようなコメントが相手から返ってくるようでは、個人の顔の見えない、中身のないものになってしまいます。一人ひとりのオリジナリティを、どのようにして相手に伝えるか、ということが、ここでの課題となります。

ここで、自分の考えを相手にも受け止めてもらうという活動が必要になります。これをインターアクション（相互作用）と呼びます。インターアクションとは、さまざまな人との相互的なやりとりのことです。自分の内側にある「伝えたいこと」を相手に向けて自らの表現として発信し、その表現の意味を相手と共有し、そこから相手の発信を促すことだと言い換えることもできるでしょう。

テーマを自分の問題としてとらえることで徹底的に自己に即しつつ、これをもう一度相対化して自分をつきはなし、説得力のある意見を導き出すためには、さまざまな人とのインターアクションが不可欠であるといえます。このインターアクションによって、今まで見えなかった自らの中にあるものが次第に姿を現し、それが相手に伝わるものとして、さらに把握されるとき、自分のことばで表現されたあなたのオリジナリティが受け止められ、相手にとっても理解できるものとして把握されたとき、対話は次の段階にすすむと考えることができます。

相手に伝わるということは、それぞれのオリジナリティをさまざまな人との間で認め合える、ということであり、自分の意見が通るということとは、その共有化されたオリジナリティがまた相手に影響を及ぼしつつ、次の新しいオリジナリティとしてあなた自身の中でとらえなおされるということなのです。これこそが対話という活動の意味だということができるでしょう。

†「わかった、わかってもらった」という共通了解

そして、あなたの語る内容に相手が賛同してくれるかどうかが、対話での最終的な課題となります。なぜなら、さまざまな人間関係の中で、わたしたちを結びつけているのは、「わかった、わかってもらった」という共通了解の実感だからです。

どんな社会的な問題でも、わたしたちはそれぞれの個をくぐらせて、その問題を見つめています。この「私」と問題とのかかわりが、異なる視点と出会い、対話を通して相互の「個」が理解に至ったとき、「わかった、わかってもらった」という実感が喜びをともなって立ち現れてくるのです。この実感がわたしたちに個人としての存在意義をもたらすものになるのでしょう。そこには、よりよく生きようとするわたしたちの意志とそのためのことばが重なるのです。

対話は、わたしたち一人ひとりの経験の積み重ねを意味します。

知らず知らずのうちにさまざまな人との対話を積み重ねてきた経験を一度振り返り、そ

のことによって、これからのよりよい生活や仕事、あるいは人生のためにもう一度、新しい経験を築いていこうとすること、これが対話について考えることだと、わたしは思います。

一般に対話というと、「Aという意見とBという意見の対立からCという新たなものを生み出す」というような技術論としてとらえられがちですが、ここでは、対話というものを、もう少し大きく、あなた自身のこれからの生き方の課題として向き合ってみようと提案しています。その方法もそれほど限定せず、自由に考えていいと思います。

そして、この対話をデザインするのは、あなた自身に他なりません。

ですから、この本では、あなたがこれからの人生でどのような対話をデザインしていくのかを考えるための指標になるような、そうした事例を多く集め、そのための自己表現の考え方や方法について、いろいろな立場に即して提案しています。

対話は、何かを順番に覚えたり記憶したりするものではありません。

他者とのやりとりによって自分の考えをもう一度見直し、さらに自分の意見・主張にまとめていく。この過程で、自分と相手との関係を考え、それぞれの差異を知ることで相互理解が可能であることを知ります。

さらに、自分と相手を結ぶ活動の仲間たちがともにいるという認識を持てば、個人と社会との関係を自覚せざるを得ません。そこから、「社会とは何か」という問いが生まれ、その問いは、市民としての社会参加という意識につながります。こうした活動によって、テーマのある対話が展開できるような、そういう社会が構築される可能性も生まれます。

一〇年後、二〇年後の自分の人生はどのようなものだろうか。この迷いの中で、自分にとっての過去・現在・未来を結ぶ、一つの軸を見出すことは、希望進路や職業選択につながっていくプロセスであるばかりでなく、現在の生活や仕事などで抱えている不満や不安、人生のさまざまな局面における危機を乗り越えるためにとても有効でしょう。

さまざまな出会いと対話によって自己の経験を可視化する作業は、自分自身の興味・関心に基づいた、生きる目的としてのテーマの発見に必ずやつながるからです。

エピソード03　好きなことをすることで生まれる自信——高校生と祖母との対話

ここでは、ある高校生とそのお祖母さんとの対話を紹介します。

——

八ヶ岳の高校での対話の活動に参加した高校生Bさんは、「好きなことをすることで生まれる自信」というタイトルで、自分の好きな作曲家のことをテーマにしました。この根底には、自分がこの作曲家のような自信に満ちた人間になりたいという願望があったからのようです。

なぜ彼女が自信を持つことについて書いたかというと、本人はくわしく語ってはいませんが、どうやら自分の母親との間にかなり強い葛藤があったようです。Bさんはたまたま学校の成績がよく、物事をはっきり言うタイプであるため、母親から「自信があることと正しいことは違う」というようなたしなめを受けたことが何回かあったようです。そのため、Bさんはしだいに自信を失い、もっと自信を持つ人を求めて、この作曲家にあこがれたようです。

Bさんは、対話の相手に自分の母方の祖母を選びました。

一緒には暮らしていないけれど、近くに住み、幼いころから自分のことを理解してくれていると、Bさんは祖母を信頼しているように見えました。

B「目標に向かって頑張るってことは向上心があるってことだよね。私は向上心がある人になりたい。向上心があるっていうのは、理想と今の自分を比べて、自分に足りないものを補うことだよね。そうして自分を理想に近づけていくんだよね」

祖母「比べるのとはちょっと違うんじゃないかなあ」

「どういうこと?」

「ちょっと辞書引いてみなよ。向上心って」

「現在の状態に満足せず、よりすぐれたもの、より高いものを目ざして努力する心、だって」

「そうそう。こうなりたいなあって思うだけで向上心があるって言っていいんだよ」

「私は今まで理想の自分と今の自分を比べて、それで自分の方が劣ってたから自信がなかったんだけど……」

「それじゃあ困るね」

「理想と自分では自分が劣ってるのが当たり前か! あれ? じゃあ、今まで自分に自信をつけてたのは理想の自分で、自分じゃなかったんだ」

「今まで自分だと思ってたのは自分じゃなかったんだよ!」

「ああ、そうだったんだ!」
・・・・
B「自分自身を認めて自信をつけるのは自分自身ってことだね」
祖母「そうだね。他の人とか理想がつけられるものじゃないね」

「自分に自信があるかどうか決めるのは自分自身だ。じゃあ、自信があるっていう日本語はおかしいね。自分が自信をつけてるってことだからね」
「日本語がおかしいね（笑）」

お祖母さんは、「理想の人は理想の人、でもそれはあなたじゃない、謙遜はしなくていい」というように、孫のBに向かって、かなりはっきりした意見を述べています。

初めに述べた母親との葛藤、見えない権威への反抗、受験をめざした無機的な日常、一つの正解を求めるだけの学校の雰囲気、将来が見えないという不安、揺れている「私」、どうしたらいいかわからない……そういう状況の中でのお祖母ちゃんとの対話は、何回かつづきます。

そうしたなかでの祖母からの励ましは、不安なBさんの気持ちを受け止め、ゆるぎない自分自身へのきっかけをつくってくれたようです。Bさんの中に、さまざまな価値観の違いとその気づき、自分の迷いとその方向への気づき、これからどう生きるか、という課題への意欲がしだいに生まれてきていることが対話の一片からも感じ取れます。

「今、ここ」で、自分が自分として認められているという意識・居場所、「わたしはここにいていいんだ」という気持ち（これをわたしは「動態的アイデンティティ」と呼んでいます）が生まれ、母親との鬱積をかなり払いのけることができたようです。

この対話のプロセスは、一人の高校生が、近隣に住む母方の祖母との対話を通して、しだいに異なるものとしての他者に気づき、その意見を受け止めることによって、もう一度、自分の価値観を見直すようになる過程であるともいえるでしょう。少しずつ自分に向き合い、少しずつ自分を開き、自分の「今、ここ」を前向きに受け止めるようになる過程を通して、自らのアイデンティティ危機が、対話とその記述によって乗り越えられようとしていることがわかります。

第2章
対話のためのテーマとは何か

ここでは、何を対話のテーマにするのかという課題を扱います。

そしてこのことは、この本の大きな特徴になります。なぜなら、対話のテーマを決めるのは、あなた自身しかいないという立場でこの本は書かれているからです。

まず、テーマを決めるための方策を記述し、その考え方の背景として、あなたの周囲にある「情報」との付き合い方を、そして、あなた自身の中にある、さまざまな課題へのいろいろな関心を、どのようにして一つの問題意識、すなわちテーマへと収斂させていくかを考えます。

1　人はテーマを持って自由になる

◎あなたにとって自由とはどんなことですか。
◎自由と対話の関係についてあなたはどのように考えますか。
◎自分の自由と他人の自由を保証するためには何が必要でしょうか。

†人と人がつながるものとしての対話

対話には、人と人がつながり、人が人として生きていくための重要な意味があります。なぜなら、もし対話がなかったら、あなたは孤独であるばかりではなく、この社会の一員として生きていくことがむずかしくなります。人と人がつながるということによってはじめて、わたしたちの生活や仕事は成立しているからです。

では、対話と人のつながりはどのような関係にあるのでしょうか。

人と人がつながるということは、お互いに顔や名前を知っているということだけにとどまりません。その人がどんなことを考え、どんな価値観を持っているかということとも深い関係があります。前に述べたように、それぞれの人の感覚・感情・思考が一つになって、対話というかたちで表されると考えることができるからです。

あなたは、対話によって、相手そして他者を深く理解することができます。

ただ、誤解のないように付け加えておくと、相手を深く理解するということは、自分と相手が同じ考え方になるとか、同様の価値観を共有するとかということでは決してありません。

この世界の七〇億の個人は、すべて異なる人間ですから、たがいに理解しあったところで、どちらかに同化したり／されたり、あるいはすべてが統一されたりということは決してありません。

対話は、そのような多様な、異なる個人がこの社会でともに生きていくためにあるといってもいいでしょう。この対話の作用によって、人と人がつながり、その上で、人が人として生きていくことができるわけです。

「人として生きる」ということは、それぞれの個人がお互いを尊重しつつ、その人らしく生きていくということになるのですが、そのためには、対話という活動がどうしても不可欠ということになるのです。

†自分らしく生きることと、自由であることの意味

「人として生きる」ということが、それぞれの個人がお互いを尊重しつつ、その人らしく生きていくということであるならば、なぜ人は、その人らしく生きなければならないのでしょうか。

その人らしく生きていくということは、言い換えれば、あなたが自分らしく自由に生きるということです。

この場合の「自由」とは、勝手気ままや好き放題という意味ではありません。自分自身の中にある何かを実現するために、自由はあるのです。あるいは、その何かを実現するためには、自由でなければならないとも言えるでしょう。

やや回りくどい説明になるかもしれませんが、自由とは何かということについて少し考えてみることにしましょう。

まず、自由になるための自分自身の中にある何かとは、自分の願望や欲望と言い換えることができます。しかし、そのすべてが思い通りになるわけではないでしょう。

すべての人が自分の思い通りに、つまりそれぞれの願望や欲望のままに振る舞いだしたら、ただちにものの奪い合いや暴力沙汰になってしまう危険があります。近年、世界で頻発するテロリズムというのも、この一つかもしれません。

人間であるかぎり、それぞれが自分の願望や欲望のかなうことを望んでいるわけですが、同時にそれを理性とか倫理というものによってブレーキをかけているということになります。

まっすぐな一本道で思い切りスピードを出して走りたいと思うけれど、前に車がいてその車がゆっくり走っているのでスピードが出せないとき、「追い越したいけれど、もし事故を起こしたら」と思いとどまる——。こんな状況を思い浮かべてみてください。

この「思いとどまる」というあたりが理性の働きということでしょうか。「もし事故を起こしたら」と考えること自体が、一つの倫理であるともいえるでしょう。

ところが、この理性や倫理というのは、個人のそれぞれがもっているものであると同時に、それぞれ異なるものです。人によってその理性や倫理の形や中身は違うと考えることができます。

ですから、個人の理性や倫理の力だけでは、それぞれの願望や欲望をすべて押さえ込むことはできません。というよりも、押さえ込む人と押さえ込まない人がいて当然ということになるわけです。

そこで、個人の願望や欲望は、社会の秩序というものでコントロールされているわけです。

†社会秩序というきまり

では、この社会秩序とは、だれがどのようにしてつくったものなのでしょうか。

とても簡単にいうと、社会秩序とは、自分以外の他者との約束あるいは取り決めのようなものだと考えることができます。この社会で、わたしたちが安全に暮らせるよう、他者と相談しながら決めたルールだということです。

つまり、欲望のままに行動したい自分を制御していくのは、他者という存在があるからなのです。なぜなら、他者もまた欲望のままに行動したいと思っているわけで、だからこそ、自分と相手が互いに牽制しあってはじめて、それぞれの欲望は制御されるというわけなのです。そのために、他者とともに生きるための社会秩序としてのルールを、わたしたちは長い時間をかけてつくってきたということができます。

たとえば、ルールには、さまざまなものがありますが、国における法律や、自治体の条例は、この個人の生活を支えている社会秩序の具体例ということになります。

ただ、個人がお互いに守るべきルールとは、自分と相手とが安心して暮らすために、本来わたしたち自身によってつくられたものですが、いつのまにかだれかがどこかで勝手につくったものという認識を多くの人が持ってしまっています。このことが実は、わたしたちの自由のあり方にとって、とても大きな危機だといえるのです。

†対話は自由になるための入り口

いずれにしても、そのような社会秩序のもとで、自分自身が自分らしく生きていくこと、これが自由の基本概念でしょう。

当然のこととして、自分以外の他者もそれぞれ自分らしく生きようとしているわけですから、この自由も認めようということになります。

このようにして、他者とともに、この社会で、自分らしく生きること、これが真の自由であるとするならば、対話は、この真の自由のための入り口にある行為だということができます。

なぜなら、あなたは、対話という活動によってのみ他者の考えを知り、相手も自分と同じ欲望を抱いているということを理解するからです。相手もまた同じような欲望を持っていることに、対話の活動のプロセスの中で、わたしたちは気づきます。同時に、自分の思いをそのまま実現すればいいというものでもないということにも気づきます。こんなとき、泣き叫んだり暴力的に怒鳴ったりして自分の思いを相手にぶつけても、何の解決にもならないことをわたしたちは知るのです。

その結果、では、どうしたら、相手も自分もそれぞれの思いを果たすことができるだろうか、と考えるようになります。

このように、対話という活動は、自分の思いの実現、つまり、自分にとっての自由、つまり、自分らしく生きるとは何かとわたしたちに考えさせるような環境をつくりだすといえるでしょう。わたしたちは、対話によってのみ真に自由になるための入り口に立つことができるということになるのです。

†他者の自由を認める対話——テロリズムを生む土壌に気づく

個人が勝手に自分の欲望のままに行動する例として、先ほどテロリズムを挙げました。

テロリズムが、非人間的な行為であることは、だれしも認めるところです。しかし、テロリズムとは、無差別に人を刺したり、爆発物を投げ込んだりすることだけではありません。そういう過激な行動は、人々の精神を表す氷山の一角に過ぎないのです。

最近、日本社会では、いじめや不登校の頻発する公立学校に対抗して、フリースクールとかオルタナティブスクールと呼ばれる新しい学校が続々と生まれています。

歴史的には、一九世紀ヨーロッパの新教育運動の流れを引くもので、日本でも大正時代から新しい自由教育の理念を掲げた私立学校の伝統があります。

このような新しい学校への質問には、「確かに、この学校は自由だ。素晴らしい。子どもたちは、とても楽しいだろう。でも、それでは、大きくなって辛い目にあうんじゃないか」というような意見がたくさん寄せられているとのことです。

ここには、自由といわゆる学力の関係を心配する親の姿が透けて見えますが、「大きくなって辛い目にあう」というのは、どのような意味を持つのでしょうか。いわく社会に出て困る、みんなと一緒にやっていけない等々、の心配のことのようです。

しかし、このさまざまな人たちの「心配」は、これらの学校を外から見る人たちによる他者の自由への侵害になってはいないでしょうか。

この「大人になって」からのこととか、いわゆる「社会」とかは、すべてその人の自己の中で描かれたイメージに過ぎないものです。つまり、自分の中の勝手に描いたイメージを他者に当てはめて、要らざる「心配」をすることそのこと自体が、他者の自由への侵害なのではないかということです。もっと不幸なのは、その結果として、他者を一つの人格として見る人間的共感を失っていることに、多くの人たちが気づいていないことではないでしょうか。

こうした他者の自由への無自覚的な侵害と人間的共感の欠如こそ、いつのまにかテロリズムの土壌を培う要因に他ならないとわたしは思います。現在の教育およびその制度の中でまさに蔓延する現象であるといえるでしょう。このことは、わたしたちの社会では、そのテロリズムの土壌がいつの間にか無自覚的に醸成されていることを意味するのではないでしょうか。

人間が希望を持って生きていくことは、この世界が生きるに値する場所だと信じることに通じているはずです。この「この世界が生きるに値する場所だと信じること」は、「自由であること」と深いつながりがあるように思います。わたしたちが自由に生きたいと思うこととその環境が保障されているかは不可分の関係にあるからです。

わたしたちは、対話という活動を通して、自分自身の生活や仕事そして人生における他者の自由への侵害の意味と他者への人間的共感について、ふと立ちどまって考えることになります。

エピソード04 自由と対話のある学校

自宅のある八ヶ岳からさほど遠くないところに、楽しい学校があると聞き、冬の終わりに見学をお願いしました。南アルプス子どもの村小学校・中学校という小さな学校です。学園長の堀真一郎さんは、かつて大阪市立大学で教育学を担当されていた方で、一九九二年に和歌山県に「きのくに子どもの村学園」を設立、九四年からは大学を辞して、学校運営に全力を注がれてきたと聞いています。

ひろびろした畑を抜けたところにある学校を見学してまず感じたのは、のびのびと校庭で遊んでいる子どもたちの明るい笑い声でした。お話を伺うと、時間割は大体決まっているけれども、それはかなりゆるい枠組みに過ぎず、その中でもプロジェクトと呼ばれる総合体験学習が中心で、時間割はむしろ子どもたちがつくっていくということです。したがって、定時のチャイムがなく、子どもたちは、自分たちのリズムでさまざまな学習を組み立てていくことができるそうです。

基本的に宿題やテストもないかわりに、自分たちでつくった課題を果たすため、遅くまで学校に残る子もいます。それらのプロジェクトは、上級生から下級生までの縦割り構成になっていて、自分の希望するプロジェクトに参加すると、上級生がいろいろ面倒を見てくれるということです。そういえば、先生の声がほとんど聞こえてこないのが公立の学校とはずいぶん違った感じがします。

学校内では、「先生」という呼称は使わず、名字や名前＋さん、あるいはニックネームで呼ばれているといいます。ちなみに堀学園長は、「ホリさん」と呼ばれているようです。また、教職員は一律同じ給料だとのこと。

このような学校運営の考え方がイギリスのフリースクール、サマーヒルの影響を強く受けたものであることは、堀さんの著作にも書かれていることですが、ニールのサマーヒルをはじめとして、一九世紀後半には、ちょうどヨーロッパ新教育運動と呼ばれる、一連の教育活動が同時多発的に起きています。フランスのフレネ、イタリアのモンテッソーリ、ドイツのシュタイナーなどです。

最近日本でも知られるようになったイエナ・プランも、源流は、この新教育運動にあります。当時の教育運動の影響を受けたジョン・デューイがアメリカにシカゴ実験学校をつくり、一方で、日本でも大正自由教育として導入され、ユニークな展開のあったことはすでによく知られています。黒柳徹子の『窓ぎわのトットちゃん』の中に登場する、日本リトミックの創始者小林宗作(一八九三―一九六三)も、スイスの音楽家ダルクローズのもとで学んだことがあります。彼のトモエ学園があったのは、現在の東横線にある自由が丘、自由を表す街としてつくられたところでした。

南アルプスの学校を見学して、子どもの学校の理念、カリキュラム、活動等を知ると、さまざまな現実的困難をクリアしつつ、子ども一人ひとりに寄り添った教育がなされていると感じました。これまで、いわゆるフリースクールをいくつか見学していても、学校教育としての諸問題にどのように対応するのかということがなかなか見えなかったけれども、今回の見学で、子どもたちの様子を見ながら、すっと胸に落ちるところがあったのです。

「ぜひ全校集会をご覧ください」

堀学園長は、全体の説明を終えてから、このように言いました。

一年生から六年生までの全校生徒一二〇人が一堂に集まり、学校の生活についての話し合いを月に一度開催しているのだそうです。そこでは、学校内のいろいろなルールもすべて子どもたちの手によって決められていくとのことです。「一年生がしっかり手を上げて発言する姿は、なかなか頼もしいですよ」とは堀さんの話。

この話を聞きながら、もう一〇年以上前になりますが、パリ北部の郊外でフランス語教師を務める女性が、「荒れた現場を乗り越えるには、子どもたちの間の対話しかない」と語っていたのをとつぜん思い出しました。

校内の水道施設を金属バットで叩いて壊した移民の子がいたそうです。水道の水が出っ放しになるのをクラスのみんなで取り囲んで、さあ、どうしようかと担任の彼女は子どもたちに問いかけたそうです。「まず、水を止めよう」とだれかがいい、水を止めるために、どうしたらいいか話し合いました。幸い水の元栓を止めることを校長先生に依頼することをまただれかが思いつき、やっと水が止まりました。その後、なぜ彼が水道管を叩いたのかということをみんなで話し合い、結局、その日は一日中、みんなで語り合ったということでした。

対話には与えるべき答えがない、だからこそ本来の教育なのだとわたしも思います。世界中の教育の現場にいる人たちは、もうずいぶん前からこのことに気づいているにちがいないのです。

スモモ畑に囲まれた自由と対話の学校をあとにしながら、たいへんな困難が待ち受ける、これからの世界を救うのはだれだろうかと遠くの富士山を仰ぎました。

2 何について対話すればいいのか

◎あなたは、どんな情報が必要だと思っていますか。
◎なぜ「知りたい」「教えてあげたい」は不毛なのでしょうか。
◎あなたは、「〈私〉をくぐらせる」ことについてどう思いますか。

話題とテーマ

対話にとっていちばん重要なことは、対話の中身、つまり、対話によって伝えたい内容だということを、この本のはじめで述べました。

あなたが相手と対話しようとするとき、まず必要なのは、いうまでもなく対話の中身、すなわち話題でしょう。

これは、自分で決めることもあるかもしれませんが、多くは、状況によって決められていくというほうがいいかもしれません。

この話題は、それぞれの状況によって、本当に多種多様です。第1章でも述べたように、たとえば、「今日のお昼は何にする」といった日常的な事柄から、仕事がらみの話、政治・経済の諸問題など、あなたと相手との関係やおかれた場によってさまざまであることでしょう。

ここで言及したいのは、そうした種々の話題のすべてではありません。むしろ、日々の生活や仕事などにおいて、いろいろな人と一歩踏み込んで話し合う場合に必要な話題のことです。

では、そうした話題の中で、あなたと相手が一歩踏み込んだ対話を展開していくために必要なものは何でしょうか。これをわたしはテーマと呼んでいます（第1章2参照）。

第1章での内容とも重なりますが、テーマというものは、自分の興味や関心とともに、自分の中にあって、その動きによって、わたしたちは、さまざまな決定をしているものだといえます。

自分にとって、この話題はどのような意味があるか、この話題について対話することで、結局、わたしはどのような解決を望んでいるのか、といった深いところにあるもの、これがあなたにとっての「自分のテーマ」です。

†テーマはどこにあるのか

対話に入っていこうとするとき、このテーマを持っているかいないかで状況は大きく変わります。

一言でいえば、テーマはそれぞれの個人、つまり自分の中にあるということです。与えられたテーマで与えられたように話すということばかりをやっていると、本当の意味での想像／創造力を失うことはよく指摘されるところです。たとえば、コンビニの応対に見られるように、言語形式のパターン化とその繰り返しは、その典型的な例になるでしょう。

仮に、与えられたテーマで与えられたように話すという状況があるとしても、そのテーマを自分にひきつけて考え、そして話しはじめることができるならば、それは本当の意味での対話の始まりです。これがテーマはそれぞれの個人、つまりあなた自身の中にあるという意味です。

†自分のテーマとは何か

テーマの内容そのものは、自分にとって興味・関心のあることをはじめとして、きわめて多様であり、一言で決められるものではありません。

大切なのは、自分の中にあるテーマに気づき、自らのテーマを決めるという意思です。対話の基本は、いつもここから始まるといえるでしょう。

先ほども述べたように、たとえ他からテーマが与えられたとしても、そのテーマをあらためて「自分のテーマ」として自分のものにして対話を始めることができれば、内容のある対話が可能だということです。

たとえば「国際化」について対話することになった場合、一口に「国際化」といっても、その間口はたいへん広いし、その辺の資料を切り貼りして話すだけでいいならば、それほど悩むことはないでしょう。インターネットで検索すれば、それこそ数千、数万という記事が引き出せます。

問題は、「国際化」という切り口で、あなた自身に何が話せるか、なのです。

ということは、たとえ与えられたテーマだとしても、その対話は、「自分でなければ話せないもの」でなければ意味がないことになります。だれにでも話せるような、新鮮味のないものは、あなたが話す必要はないはずです。

そのためには、たとえ話題そのものは一般的なものであっても、あなたにとってどれだけ切実であるか、というところが重要で、ここに相手の心をとらえるものがあることになります。

ですから、対話では、「何が言いたいのか」ということが常に大切であるわけです。「何が言いたいのかがわからない」対話は、テーマが明らかでないのと同様、「何を話しているのかわからない」ということになりますね。その「テーマ」について「何が言いたいのか」がはっきりと相手に見えなければなりません。

ところが、その「言いたいこと」がなかなか見出せないあなたには、どのような課題があるのでしょうか。

†情報は思考を停止させる

「言いたいこと」を見出すために、あなたは、おそらくまず「情報の収集を」と考えていませんか。情報がなければ、構想が立てられない、だから、まず情報を、というのがあなたの立場かもしれません。

しかし、この発想をまず疑ってみてください。

情報といえば、まずテレビでしょうか。それから、もちろんのこと、インターネットの存在は、日々の生活や仕事の中で不可欠なものです。インターネットの普及は、情報の概念を大きく変えたといっても過言ではないでしょう。インターネットの力によって、世界中のさまざまな情報が瞬時にして地球上のあらゆるところまで伝わるようになりました。その他、ラジオ、新聞、雑誌等を含めた、各種のメディアの力による情報収集の方法を、わたしたちは無視するわけにはいきません。しかも、こうしたメディアが、あなた自身の自覚・無自覚にかかわらず、いつの間にかわたしたちの仕事や生活のための情報源になっているということはもはや否定できない事実でしょう。

しかし、よく考えてみてください。それらの情報の速さと量は、決して情報の質そのものを高めるわけではないのです。たとえば、インターネットが一般化するようになってから、世界のどこかで起きた一つの事件について、地球上のすべての人々がほぼ同時に知ることが可能になりました。しかし、その情報の質は実にさまざまであり、決して同じではないのです。しかも、その情報をもとにしたそれぞれの人の立場・考え方は、これまた千差万別です。

こう考えると、一つの現象をめぐり、さまざまな情報が蝶のようにあなたの周囲を飛び回っていることがわかるはずです。大切なことは、そうした諸情報をどのようにあなたが自分の目と耳で切り取り、それについて、どのように自分のことばで語ることができるか、ということではないでしょうか。

もし、自分の固有の立場を持たなかったら、さまざまな情報を追い求めることによって、あなたの思考はいつの間にか停止を余儀なくされるでしょう。言説資料による、さまざまな情報に振り回されて右往左往する群衆の一人になってしまうということです。

だからこそ、情報あっての自分であり、同時に、自分あっての情報なのです。

†「知りたい」「教えてあげたい」の不毛

情報の問題に関連して、ここには、ある共通の問題が潜んでいることが多いものです。

一つは、知らないことを知りたい、わかりたい、だから調べたい、というものです。

もう一つは、自分の知っていることをみんなに教えてあげたい、というものです。

まず、「知りたい、わかりたい、調べたい」という意欲そのものは、人間の好奇心の一端としてとても重要です。ただ、そうした情報を得たいと思うだけでは対話は成り立たないのです。もう一歩踏み込んで、「なぜ自分は〇〇が知りたいのか」というところまで突き詰めないと、あなた自身の立場が見えてこないからです。ここでいう立場というのは、テーマについて自分がどう考えているかというあなた自身のスタンスというものです。

次に、「教えてあげたい、知らせたい」というのも、ほぼ同じ構造を持っています。これも、自分の知っている知識や情報を、知らない人に与えようとする発想から出ているわけで、「知りたい、わかりたい、調べたい」とは反対のベクトルではありますが、やはり知識・情報のやりとりのレベルにとどまっているからです。単なる知識・情報のやりとりだけでは、自分の固有の主張にはなりにくいため、展開される議論そのものが表面的で薄っぺらなものになってしまうのです。

もちろん、知識・情報を求めることが悪いといっているのではありません。前述のように、そのこと自体は、人間の好奇心を満たすものであり、前向きに考えるための重要なきっかけではあります。

しかし、自分の「考えていること」を相手に示し、それについて相手から意見をもらいつつ、また、さらに考えていくという活動のためには、情報を集め、それを提供するという姿勢そのものが相手とのやりとりにおいて壁をつくってしまうことに、気づかなければなりません。対話という行為は、後にもくわしく述べるように、とてもインターラクティブ（相互関係的）な活動です。相手あっての自分であり、自分あっての相手です。こうした関係性の中で、情報を提供する／受けとるだけという、表層的なやりとりでは、そうした相互作用がきわめて起こりにくくなるのです。

そこで、この「知りたい、わかりたい、調べたい」や「教えてあげたい、知らせたい」の知識情報授受症候群から、いち早く脱出することを考えなければなりません。

では、どのようにしたら脱出することができるのでしょうか。この膠着（こうちゃく）状態を根本から揺り動かすものが、「なぜ」という問いです。

†自分のテーマを見つける「なぜ」

あなたは日々の生活の中でいつも何か特定のテーマを自覚しつつ行動しているわけではないでしょう。大きく考えれば、わたしたちは常にテーマを求めて生きているともいえるのですが、そうは言っても、「さあ、テーマを決めて」と言われると何をどのようにすればいいのかわからなくなるのです。これはいわば当然のことです。

そこでまず、あなた自身の「考えていること」をさまざまなかたちで外側に出してみるという活動が必要になります。これは、一般にはブレーンストーミングと呼ばれるものですが、要するに、自分の「考えていること」を一人でメモに書きつけたり、あるいは雑談風にだれかに語ったりすることによって「自分のテーマ」へのヒントが生まれるというものです。

このときに肝心なのは、そのテーマが自分にとってどれだけ大切なものであるかを考えることです。

では、なぜ○○なのか。○○について考えることは、あなたにとってどれだけ切実であるか、つまり、あなたにとっての「テーマ」であるか否かなのです。これを考えることが「なぜ」に答えるだけの「考えていること・言いたいこと」を決定する力になります。「テーマ」に対する「なぜ」があってはじめて「考えていること」が明確になり、そこから「言いたいこと」が生まれ、それによって対話の視点が定まるといっていいでしょう。

まず、話題を自分のものとしてとらえ、「自分のテーマ」と関連づけて、そこから自分の「言いたいこと」を見出すこと。すなわち、話題を自分のテーマとしてとらえられるか。これが対話活動の出発点となります。

ここで「自分にとって」というのは、個人の利害のことを言っているのではありません。また、個人的な体験を述べればいいというわけでもないのです。なぜなら、そのテーマが

「自分にしかできないもの」であることを要求しているかどうかを自分で検証することだからです。

このように、自分の中に常に「なぜ」という問いを持ち、対象としての話題を自分の問題としてとらえ、それを相手とのていねいなやりとりによって解きあかしていく姿勢、これが、対話という活動にとって不可欠のプロセスなのです。

†〈私〉をくぐらせる――「自分の問題としてとらえる」ということ

ところが、この「自分の問題としてとらえること」ということがとてもわかりにくいようです。

たとえば、個人的なことだから自分の問題になっているとはかぎりません。自分の問題というのは、必ずしも個人的なこととは関係がないといえるでしょう。たとえ世界の経済問題だって、自分の問題としてとらえられていれば、それでいいはずです。しかし、「世界の経済問題」がなぜ「自分の問題」なのかをあなたは考えなければならないことになります。

そこで、「〈私〉をくぐらせる」という表現をわたしは使っています。この表現は、在日朝鮮韓国人問題に取り組んだ教育学者・小沢有作（一九三二―二〇〇一）が南米の教育学者パウロ・フレイレの影響を受けて使用したものです（1章2参照）。

しかし、「〈私〉をくぐらせる」ことが怖いと感じる人も少なくないようです。また、自分の個人的なことを話さなければならないというのはいやだという人も多いでしょう。「〈私〉をくぐらせる」というのは、その話題に関して自分の問題意識をもって話すということです。だから、その意味では、個人的なことかどうかなんて関係ないのです。もちろん、話されることが結果として個人的なことになる場合もあるわけですが、それは他人に対して話すという覚悟の上で「自分の考えを出す」わけですから、ただ自分の秘密をヒソヒソ話で話すのとはわけが違うことになります。

では、「自分の考えを出す」とはどのようなことなのでしょうか。

†「自分の考えを出す」ための視点

自分の「考えていること」について話すことは、結局、自分の個人的なことになってしまい、それは主観的なことになるから話してはいけないという考え方も多くあります。客観的な事実を話すための方法とは資料を集めることだ、そうでなければ、相手を説得することはできない、というのがこれまでの考え方でした。

たとえば、対話の話題を提案するとき、あなたは、文献やテキストあるいは参考書などで紹介されている事例や、テレビや新聞、マスコミで評判になっているものを選ぶ傾向がありませんか。

しかも、他者に示すものであるからには、知識的な要素を含んだもの、たとえば、文献資料を調べるとか、アンケート調査をして結果を出すとか、そういうものが課題の解決にふさわしいのだと思い込んでいませんか。

だから、「私」の視点からテーマを考えるというと、自分のことだけで主観的な問題になってしまい、客観的な結果にならない、という批判を恐れてはいませんか。

ここに、無自覚的な「客観性」神話があるといえるでしょう。

文献資料やアンケート調査などの情報収集が一切ダメだといっているわけでは決してありません。しかし、そうした情報収集の前に、あなた自身の、なぜ〇〇が問題なのかという「私」の問いがなければ、何も始まらないといっているのです。そうした問いなしに、一般論としての情報が重要だと思い込んでいると、テーマそのものの取り上げ方や切り込み方がきわめて類型的なものに陥ってしまうことにあなたは気づいているでしょうか。

ここで、まず把握されなければならないのは、この「私」固有の視点です。すなわち「私でなければ話せないこと」をどう話すかということなのです。この視点のことをオリジナリティと、この本では呼んでいます（四九ページ参照）。

しかも、このオリジナリティとは、一度手に入れればいいというようなものではありません。他者とのインターアクションによって揺さぶられ、場合によっては崩される個としてのアイデンティティといってもいいものなのです。つまり、自己確認と自己表明の繰返しと、他者とのインターアクション体験によって「私」が、新しい「私」への変容を自覚する過程で、さまざまなオリジナリティが出現するのです。

この新しい「私」に変わるための自己変容の装置こそが、他者とのインターアクションによって導き出される検証的思考であり、それがときに、あなたの思考と表現を活性化させる対話の活動だということになるでしょう。

この「私でなければできないこと」というオリジナリティの視点こそが、自分の「考えていること」を発見し、それをことばにして他者に伝えるための対話活動においてもっとも基本的なスタンスとなるものなのです。

この「なぜ」を問うことによって生まれるものは、方法の善し悪しではなく、また効率性の有無でもありません。

「なぜこの話題について対話するのか」という、あなた自身の存在理由です。それは同時に、「なぜ私はことばによって活動するのか」という、考える個人であるための課題でもあります。

「そんなことを考えている暇はない」という、忙しいあなたに向けて、「あなたは何のために生きているの」という問いを対話自体が投げかけているのです。

エピソード05 対話は、自分の興味関心から始まる——留学生I君のこと

わたしが金沢の大学で日本語・日本事情という科目を担当していたときのことです。インドネシアから外国政府派遣留学生として大学一年時に来日したIくんという、ある一人の留学生がいました。彼は当時、日本語能力試験一級で四〇〇点満点中二〇〇点取れるか取れないかくらいで、一般講義のような学部の授業についていくのは本当にむずかしかったようです。

数人の留学生と一緒に、それぞれの関心のある問題を出し合って議論をしようという対話の活動をしたときのことです。ちょうど、「多摩川に鮎を放流する」という新聞記事の

報道があって、その切り抜きをみんなで読んだのですが、このとき、いつもは黙りがちなＩくんが、この記事に大変興味を持って、いろいろ質問を投げかけてきたのです。

わたし自身、自然環境問題にくわしいわけでもなく、またそれほど強い興味・関心を持っていたわけではなかったので、Ｉくんの質問にはほとんど答えられませんでした。ところが、この記事とＩくんの質問をきっかけにして、それぞれの関心のある問題を出し合って議論をしようという方向にクラスの雰囲気がうごきはじめたのです。

なぜ彼が自然環境問題にそれほど関心を持っていたのかということについては当初、わたしはそれほど注意を払っていませんでした。はじめは、なぜ彼がそのテーマを提出したのかさえもよくわからなかったのですが、活動内でのやりとりを観察するうちに、Ｉくんが自分の国インドネシアの自然破壊の問題にとても関心を持っているということがわかってきたのです。

インドネシアの面積は地球上の地表の一％と少しに過ぎないが、世界に残存する熱帯林のおよそ一〇％がインドネシアにあり、そこに哺乳類、爬虫類、両生類、鳥類などが多く生息しているという英語の資料のコピーをＩくんが用意してきました。そして、今、インドネシアの低地林では、豊かな生物多様性が急速に失われ、大きな危機にさらされているとの説明も英文で書かれていました。とくに、彼の出身であるスマトラ島では、かつて島全体を覆っていた熱帯雨林が、この一〇〇年間に急激に失われてきたこと、とりわけ減少が著しいのは、島の東部に広がる低地の熱帯雨林で、今のまま伐採が進んだ場合、近い将来これらの森が全滅するおそれがある、と英文資料を読みながら、彼は日本語で説明しました。

はじめは、それこそ何を言っているかよくわからなかったのですが、回を重ねるうちに、だんだん彼の言いたいこと、言おうとしていることが明確になり、クラスの参加者も彼の話に聞き入るようになったのです。

彼の説明によると、スマトラ島の熱帯雨林では、さまざまなかたちで森林環境が脅かされ、数多くの稀少な野生生物も、絶滅の危機に追い込まれているとのことでした。

その原因を尋ねると、スマトラ島の自然破壊は、横行する違法な森林伐採、ヤシ油を採るためのプランテーションの建設、また紙パルプの生産を目的としたアカシアの植林等々によるものなのだそうです。

この問題を解決するには、地域の人たちが安心して暮らせる環境を作りながら、野生生物が生きられる自然を保全しなくてはならないとIくんは主張しました。続けて、日本の環境保全の問題についても熱く話しはじめ、さらに、そこから、地球全体の環境をどう守るかというようなことを彼は語りだしたのです。

このインドネシア、日本、そして地球というように、環境のすべてが一つにつながっていることを語るうちに、いつのまにか、クラスのリーダーシップをIくんがとるようになっていました。活動のメンバー全体が全員で地球の環境問題について考えなければならないという雰囲気になり、そのことを真剣に議論する方向性が生まれたのでした。

今考えると、それは、Iくんにとって、はじめて自分のテーマを見出せた場というものだったのではないかと思います。大学一般教養の、人数の多い、講義形式のクラスでは、留学生は、日本語が自由でないという理由でほとんどの場合厄介者です。だから、自分の居場所もなく、他の日本人学生とも交流することなく、ぽつんと放置されるという状況が続いていたのです。しかし、幸いなことに、対話の活動で自らを表現する場を得たといえます。

彼がそれだけのエネルギーを発揮するほどの内面のテーマがどういうものであったのか、当時は知る由もありませんでしたが、この活動で環境問題レポートを書きあげた後、工学部に進み、その次に、京都大学の大学院に進学して、工学博士の学位を取得したとのことです。その後、祖国の軍事政権反対運動にかかわりつつも、最終的には祖国に戻り、現在は政府高官として要職にあると人づてに聞きました。

なぜ彼が自然環境問題に関心を持ち、それをテーマとしてレポートを書いたかは、今となってはもはや聞くすべもありませんが、三〇年前の対話の活動で、このような学生に出会えたことは、わたしにとっても本当に幸運でした。ここにはわずかながらではありますが、彼自身のバイオグラフィの端緒を見出すことができます。当時二〇歳前後の青年だったI君も、現在ではすでに四〇代半ばから五〇歳にさしかかる年齢になっているはずです。

3 「日本人は対話が下手」か

◎あなたは「日本人は対話が下手」だと思いますか。
◎そうだとしたら、それはなぜですか。
◎「一般的な日本人」というのは、どこにいる、どんな人のことをいうのでしょうか。

†言説のありかを明確に

「日本人は対話が下手」という言説をよく耳にします。

たとえば、ヨーロッパ人は論理的に話せるが、日本人はすぐ感情的になるため、対話が成立しない、こんな話をいたるところで聞きます。

もし本当にそうならば、日本人であるかぎり、対話はできないということになりそうですが、「日本人は対話が下手」という言説の意味するところはそういうことでもなさそうです。

では、この「日本人は対話が下手」という表現にはどのような意味がこめられているのでしょうか。また、そこにはどんな落とし穴が隠されているのでしょうか。

たとえば、「国際化」の問題についての次の文章を見てみましょう。

日本人が国際化するためには、ふつう英語を学ぶことが必要であると言われるが、私は、国語としての日本語を学ぶほうが重要ではないかと思う。なぜなら、欧米のほうがずっと異文化との交流の歴史が長いにもかかわらず、欧米の人々は自国語を学ぶことに対して積極的であるからである。

この文章を読んであなたはどのように感じますか。

「いつも自分の感じていることと同じだ、なるほど、そうだったのか、やっぱり欧米の人は違うのかな」――もし、あなたがこのように感じたなら、続いて次の分析も読んでみてください。

まず、この文では、「日本人が国際化するためには、ふつう英語を学ぶことが必要であると言われる」とありますが、この「言っている」のはどこのだれだかわかりますか。

「と言われる」とあるように、このことを言っているのは、だれだかわからない不特定多数の人なのです。

それに対して、「国語としての日本語を学ぶほうが重要ではないか」と、この対話の筆者は考えているわけですね。つまり、この筆者の考えは、だれだかわからない不特定多数の人の言っていることを前提にしていることがわかります。

次の「欧米のほうがずっと異文化との交流の歴史が長い」というのも、これまたどこかでだれかが言ったことなのでしょう。そのことと「欧米の人々は自国語を学ぶことに対して積極的である」ことに直接関係があるかどうか、このままではわかりません。

以上のことからわかることは、この文章のように、わたしたちはとかく物事を自分の都合のいいように解釈して「見た」ことにするという操作を行いがちだということです。しかもその根拠になるものが、不特定多数の人、つまり皆がそう言っている、というのでは、きちんとした議論にはなりませんし、こうした、いわば勝手な解釈をしても、だれをも納得させることはできません。

こうしたことは、対話の活動でも同じことで、少なくとも言説のありかを明確にし、責任ある根拠を提示することが肝要です。そのことで、わたしたちの対話はずっと内容のあるものになるでしょうし、自分のことばで固有の意見を述べることができるようになります。そして、このことにより、まず「日本人は対話が下手」という常識的な考え方を乗り越えることができるのではないでしょうか。

†ステレオタイプからの脱却

もう一つの問題は、この文章の「日本人」とか「欧米人」というのは、具体的にはいったいだれのことを指しているのか、というところです。

この文章の筆者も、何の疑いもなしに「〇〇人」という表現を用いていますが、この「〇〇人」とはだれのことなのでしょうか。

あなたも「日本人は〇〇だ」という表現を使うことがありませんか。一口に「日本」といっても、東京と大阪ではずいぶん違うでしょうし、また都市と地方でもさまざまに異なっています。「社会」という概念がきわめて多面的であり複雑性に満ちたものであることからもわかるように、「〇〇国」「〇〇人」と一括して論じることはできません。それを単純に「日本」とか「日本人」と規定してしまうことはとても粗雑で乱暴な思考だと思いませんか。

このように簡単に一つの概念で対象をとらえてしまう認識を、わたしたちはステレオタイプ（画一的認識）と呼んでいます。一般にステレオタイプというと、ネガティブな場合をさすことが多いのですが、内容的には肯定的・否定的の両方があります。たとえば、「日本人は自然を破壊する」あるいは「日本人は自然を愛する」という言説の両方が、日本人を集団として画一的にとらえている点でステレオタイプであるといえます。

ただ、わたしたちの認識は、常に何らかの価値観をともなっており、絶対中立的な認識というものは存在しませんから、そうした認識の過程でステレオタイプそのものをまったく排除することは不可能だといっていいでしょう。

別の言い方をすれば、わたしたちが何かを認識するときには、自分にとってわかりやすいものとするために、あえて物事を固定的にとらえるのは、いわば当然のことなのかもしれません。つまり、認識によるレッテル貼りの宿命から一〇〇%自由になることは、わたしたちにはできないといえます。

ただ、ステレオタイプが問題視されるのは、個人を画一的に歪曲したかたちでとらえ、それがひいては偏見や差別の原因になる可能性があるからです。ステレオタイプ的な思考や発想によって、一人ひとりの個人の顔が見えなくなり、一対一の対等な人間関係が取り結べなくなってしまうことが問題なのです。こうしたステレオタイプによって他者を認識することで、コミュニケーションが阻害され、信頼ある人間関係が樹立できなくなることを危惧しているのです。

こうしたステレオタイプにとらわれていると、本来、豊かで創造的な広がりのあるはずの対話という活動もきわめて矮小化された、つまらないものになりがちです。ですから、わたしたちは、対話という活動を通して、こうしたステレオタイプからいかに脱却するかという課題と向き合うことができるはずなのです。

†他者はすべて異文化というブラックボックス

自分のテーマを持つということは、その対象に向けて、固有の姿勢を持つということです。さらに自分の考えていることを相手に示すということは、その自分の姿勢をもっと強固に、他者に見えるかたちで示すということになります。

このとき、当然のこととして、立場や意見の違う人との対話が待ち構えています。一つの情報をめぐってでも、さまざまな立場があり、いろいろな意見があるということを前に指摘しましたが、このときにこそ、あなた自身の姿勢が問われるといってさしつかえないでしょう。

このことは、ちょうど「文化」の対立と同じ構造を持っています。異なる民族、異なる国家、異なる宗教、などなどの、互いに異なるものが衝突し、そこに、さまざまな葛藤や不安、あるいは出会いの発見や喜びが生じるからです。

このときに、個人を集団の一人としてとらえてしまうと、あたかもその集団に属す人はすべておなじ性格を持っているかのように錯覚してしまう恐ろしさがあります。

このことは、すでにステレオタイプのところでお話ししましたが、それは、「文化」というものについて、わたしたちがあまりにも類型的な常識にとらわれていることに由来します。

文化という場合、二人以上の個人が集まったときに生じる行動や思考の様式を指すことが一般的なのですが、この「二人以上」という規定は、だれが定めたものでもなく、いつのまにかそうなっているものです。つまり、何の根拠もないことなのです。

社会という枠組みがあって、その社会の内実として文化があると考える人も多いと思いますが、その社会という枠組み自体、とてもあいまいでよくわからないものです。たとえば、「日本人の文化」というとき、日本人という集団の持っている性格を指すということになりますが、それが具体的にどんなものなのか、だれにもわかりません。

社会のイメージということで前に少し触れたと思いますが、この場合、「日本人」という概念について個人一人ひとりが持っているイメージによって「日本人の文化は○○」ということになります。一人ひとりのイメージですから、当然のこととしてすべて異なるわけで、まったく同じイメージが存在するはずはありません。

ところが、いつのまにか相手も自分と同じイメージを持っているだろうと思い込んでしまうところに、この「文化」の罠があるのです。

その一人ひとりの持っているイメージはどこから来るのかといえば、個人の感じ方や考え方あるいは価値観にあるということになります。すでに個人の中にある、このようなイメージによって、集団としての社会でのさまざまな事柄・事象を、あたかも実在するものであるかのように認識し、それを「〇〇の文化」としてとらえてしまっているわけです。

そのもとは、すべて個人の認識によるわけですから、実際は、「文化は個人の中にある」ということになります。これがすなわち「個の文化」なのです。

テーマを定め、そのテーマをもとに対話をする行為は、こうした、さまざまな「個の文化」の差異を認めつつ、お互いの主張を重ね合わせていくという行為に他なりません。たんに白か黒か、どちらが勝ったとか負けたという世界ではなく、さまざまな共同と協働、また譲れること、譲れないことをしっかりと見きわめることを通して、自分がこの世界でどう生きるかを考えることだと思います。

世界中にまったく同じ個人は存在しません。「〜国」「〜人」「〜語」などの枠組みで個人を類型化してとらえるのではなく、一人ひとりの自律した個人として認めること、これが「個の文化」の考え方です。このように考えれば、他者はすべて異文化というブラックボックス、しかしだからこそ、わたしたちは、一人ひとりの感じ方や考え方あるいは価値観の差異を超えて、ともに生きることができるという思想にたどり着くはずです。

†改めて「日本社会」とは何か

ここで、わたしたちがふだん何気なく使っている「日本社会」という概念について改めて考えてみましょう。

わたしたちは、日本社会に暮らし、日本社会にいると考えています。たしかに、日本という国は、地理的に東アジアに属し、有史以来、中国および韓国の影響下のもとで、文化的発展を重ねてきました。江戸時代の長い鎖国のあと、明治以降は、ヨーロッパの影響の下で国家的枠組みが形成され、また、第二次大戦後は、アメリカの強力な支配の下、現在に至っています。

したがって、日本社会のあり方を世界の中できわめて特殊なあり方として、その独自の形態を主張する考え方もあります。少なくとも、アジアの一員でありながら、欧米の影響を色濃く受けつつも、決して欧米と同じではない、という認識が多くの論者の指摘するところです。ゆえに、「日本社会における」という論点は、きわめて説得力のある、重要な視点であるように扱われるのでしょう。

しかし、個の視点に即して考えてみると、日本社会に関するイメージは、本当に一人ひとり異なるものです。しばしば使われる「日本社会では……」というまえがきは、ほとんどが書き手の勝手なイメージによってつくられた日本社会「像」であるにもかかわらず、いつのまにか普遍的、絶対的な「日本社会」が存在するかのような印象を読者に与え、読者もまた、そのことを疑うことなく、いつの間にか仮想の「日本社会」イメージを共有してしまっています。しかも、その「共有」したと思っているイメージもまた、決して共有されないものであるにもかかわらず、そのように思いこまされてしまうところに、このタームの罠があるのです。

†自己と社会の関係——個と個が向き合う対話へ

このように、日本社会というものが固定的な枠組みとして考えられてしまうところをどう乗り越えるかという点も、自己と社会の観点から自らの世界観を形成するために重要でしょう。

ここでいう、自己と社会とのかかわりというのは、自分の世界（宇宙）の認識ということです。たとえば、家族というものを一つの社会として考えると、家族という枠組みがあって、その枠の中で一人ひとりの個人が暮らしているというふうに考えがちですが、生まれて育った家族というものに対しても、その中のメンバーの家族への思いやとらえかたは一人ひとり違います。一方では同じだと考え、一方では違うととらえ、だからこそ、それぞれの認識が異なると知ったとき、固定的な家族のイメージは簡単に崩壊します。

このように、わたしたち一人ひとりは、自分の周囲の状況に対して、常に何らかの固定的なイメージを持ち続けていて、それが社会だと思い込んでいるのです。

しかし、本当はそうではなく、一人ひとりが勝手に自分の独自のイメージでその社会を描いているに過ぎません。自らが属す複数の社会の総体として、いつのまにか「日本社会」という幻想空間を想定し、それをあたかも実体であるかのように前提としてしまう、一種の文化本質主義（文化の本質が実体として存在するという考え方）に陥っているといえるでしょう。

実のところ、社会の中心は、自分自身なのだという認識から始めることが重要なのではないでしょうか。だからこそ、その世界の中心である自分にとって社会とは何かを考えることは、自分とは何かと考えることとほぼ同義だといっていいことになります。隣にいる他者もまた、自分の世界を持ってその中で他者を判断しているわけですから、この両者の世界は永遠に同一にはなりません。

そうすると、社会を知るということは、自分のもっている社会イメージの複数性（無限性）、重層性、複雑性、困難性を知るということであり、これはまさに、自分自身を知る（知ることができない）ということでもあります。

だから、自己、他者、社会というものが、小さな段階から大きな段階への発展と考えるのは、いわば「常識」（多くの人がはまり込んでいる罠）で、実は、この三者は循環している、ひとつの大きな動態だと考えることができます。つまり、自己＝他者＝社会の循環そのものと考えてもいいでしょう。したがって、「日本社会における」という前提は、安易に持ち出すべきことではなく、本当に慎重によく検討しなければならない課題なのです。

もちろん、ここから、コスモポリタニズムに簡単に進めばいいというものでもないでしょう。むしろ、なぜ「日本社会」なのかという問いをもう一度問い直し、そこから国民・国家の枠組みだけではない、新しい個人のあり方を考える必要があるのではないでしょうか。ここに、個人と個人が向き合う対話の活動の本当の意味があるとわたしは考えるのです。

†自己・他者・社会という世界へ

一般に「文化」というと、国家間や民族間の問題としてとらえられがちですが、わたしたちのさまざまな認識の方法には、国家や民族だけでなく、家族での役割・性別・職業・社会的位置づけのほか、さまざまな文脈での相手との人間関係などがすべて含まれていて、これらが、あなたのアイデンティティの総体を形成しているということもできます。

一人ひとりの個人を単位にして文化を考えれば、自分以外の他者はすべて「異文化」ですから、「他者とはすべて異文化」ということになります。むろん、異なる人間であるので、一〇〇パーセントの伝達／受容もありえません。

言い換えれば、他者のことはわかったつもりになっても、前に述べたように、結局はよくわからないブラックボックスだということです。「一寸先は闇」という表現があるように、他者とやりとりするということは、何が起こるかわからないのです。それは、相手が自分とは異なるものとしての存在、すなわち他者という個人だからです。

ところが、この世を生きていくためには、ブラックボックスとしての他者の存在を無視することはできません。いや、むしろ他者とともに生きていかねばならないのです。日常の生活や仕事においても、このようなブラックボックスとしての他者とともに、協働的な活動をしていかなければならないのが、この社会です。

そのためには、お互いに双方がブラックボックスであることを認め、それぞれが何を感じ、何を思い、何を考えているかを、少しずつことばにして相手にわかるように提示しあうしか方法がないのです。

ドイツ系ユダヤ人で、ナチに追われアメリカに亡命したハンナ・アレントは（一九〇六―七五）、大衆の思考停止をテーマに『全体主義の起源』や『人間の条件』を書きました。その著作の中で「対等な複数の人々の間でことばによってなされる相互行為」を「活動」と名づけています。この「活動」の軸とするところは、いうまでもなく「この私」です。「この私」とは、この世で唯一無二の存在としての自分のことです。アレントは、さらに「この私」が、自らの自由を確保するためには、コミュニティシズム（集団主義）からの解放が必要だと述べています。

日本人であるかどうか、どのような共同体に属するかということと「この私」は、本来、別のことであり、その所属意識から解放されなければ、人は自由になれないと彼女は明言しています。つまり、そのような自由によらなければ、真に自由な対話はできないということなのです。

共同体を背負う自分から解放され、真の自由を得た「この私」同士においてこそ本当の対話は可能になるといっても過言ではないでしょう。

個人が主体となって他者と築く一対一の対人相互関係こそが、この社会における関係世界を形成するための活動と考えるからです。これこそが、自分の周囲を蝶のように飛び交う情報から自由になり、自分のことばで自分の考えていることを相手に向けて発信するという対話的姿勢であるということができるでしょう。

自己と他者の関係を社会の中に位置づけ、その総体において、「この私」のあり方を考える、ここにこそ、本来の意味での、そしてこれからの時代の対話のインターカルチャー性（相互文化性）があるとわたしは考えています。

エピソード06 「日本人らしさ」と「自分らしさ」——教師志望の留学生Cさんとの対話

最近知り合いになった留学生Cさんが、先日、研究室に訪ねてきました。

以下は、Cさんと私の対話です。

C「将来、日本語の先生になりたいんですけど、私の日本語はいつまでたっても上手にならないし、下手の日本語で日本語の先生になれるでしょうか」

私「どんな日本語の先生になりたいの?」

「自分の学習経験を生かして、学生のことが考えられる先生になりたいんです」

「なるほど、で、そのためにどんな勉強を考えているの?」

「私の日本語はまだ下手ですから、早く日本人らしい日本語が話せるように……」

「日本人のように話せれば、いい先生になれるの?」

「まず日本人のように話せないと……」

「あなたの「日本人らしい日本語」計画は、いつまでに完成するのかな?」

「えーと、この一年間には、そうなりたいんです」

「それなら、もう一度、日本人に生まれ変わるといいね」

「?・?・?・」

「「ことばを覚えるいちばんいい方法は、自分の親をかえることだ」と、昔ある有名な言語学者が言っている」

「そんな、いまさら親をかえるなんて（笑）」

「じゃ、Cさんにとって、いちばん話したいことって何？」

「いちばん話したいこと？」

「いちばん、興味・関心あることかな」

「先生になるにはどうしたらいいか、かな」

「そのこと、だれかと話した？」

「ええ、同じ寮の友だちと話しました」

「友だちは何と言ってた？」

「Cさんのなりたい先生になればいいって」

「で、あなたは、どんな先生になりたいの？」

「自分の学習の経験から学生のことが考えられる先生に……あっ！」

「どうしたの？」

「これさっき、わたしが自分で言ったことです」

「「日本人らしい日本語」計画はどこにいったの？」

「そういえば……」

「じゃ、別のものを探す？」

「はい、たとえば……」

「たとえば？」

「「私の日本語」計画かな？」

「自分の日本語？　それはどうして？」

「えーと、自分の学習者としての経験を生かして学生のことが考えられる先生になるためには、もっと自分のことばを成長させていきたいし、そのためには、日本人らしいかどうかということはあまり問題にならないような気がしてきたんです。やっぱり大事なのは……」

「大事なのは？」

「「私らしさ」かな、日本人らしいかどうかではなく」

「それは寮の友だちのアドバイス？」

「ええ、そうです、というか、彼女と話していて自分で気づいたことです」

「いい友だちを持ったね」

「日本人らしさ」と「自分らしさ」、どのような日本語を選ぶかは、彼女自身の選択なのだけれど、どんな職業についても、どんな生活をしても、そのことが自分にとって何なのか、ということを考えることになるでしょう。それは、自分の過去・現在・未来を結ぶテーマについて考えていくことでもあるでしょう。専門や職業そして生活全体においてそのことを問いつづける自分をつくるために、自分のことばの生活、そのことばによる生活の充実ということを、自分の過去・現在・未来を結ぶテーマとして考えていく。それを言語活動として自分の中に取り込んでいくということが、個人の活動デザインとして必要であるとわたしは思っています。

第3章 対話をデザインする

ここまでは、わたしたちの生活や仕事での対話の意義と意味、一歩踏み込んだ対話をするためのテーマのあり方、真の対話を阻害するものなどについて述べてきました。

ここでは、自らの興味・関心から自分自身のスタイルの発見へ、という対話をデザインするための意味と方法およびその道筋について考えます。

1　どうしたら他者とつながれるのか——他者理解の方法

◎あなたは毎日の生活や仕事の中で、他者とのつながりをどのように感じていますか。
◎あなたが他者とつながれないと感じるのは、どんなときですか。
◎相手を理解するとはあなたにとってどのようなことですか。

†目が合ったら微笑む

だれかと対話をするためには、まず相手を選ぶことになりますが、このこと自体は、それこそ状況によるわけですから、一律にどのような相手がいいというようなことは言えません。対話の相手は、状況が決めてくれるというほうが適切かもしれません。

むしろ、なかなか人間関係の結びにくい相手と、どうやって対話のできる人間関係に持っていくか、ということのほうがあなたにとっては重大な関心事かもしれませんね。対話のためにはまず、自分と相手の関係を考えることが必要だからです。

もちろん、人間関係をつくるということは、いろいろな意味が含まれていますから、そう簡単に、こうすれば大丈夫というようなことはいえません。

そこで、ここでは、対話の入り口として、少なくとも気軽に話し合える関係をつくるというくらいの意味で考えてみましょう。

気軽に話し合える関係というのは、たとえば、目が合ったらにっこりするというような些細なきっかけから始まります。ヨーロッパの街角では、地下鉄やバスの乗り降り、小さな店のドアの辺りなどでしばしばこうした光景に出会います。わたしも大学を出てすぐのころ、二〇歳代の半ばにはじめてヨーロッパを旅行したとき、このことに気づきました。それから、ほぼ一〇年後の三〇歳代半ばに、はじめて仕事でフランスに一年間滞在した折、このことを確認しました。それからは知らない人でも、目が合ったら必ず微笑むように心がけるようになりました。

目が合ったらにっこりするという習慣は、まず何かを話しかけようとするときの、とてもいいきっかけだと思います。ことばの活動が言語の技術としてではなく、からだとこころの一体化したものであることは、あとでくわしく述べます（一六四ページ参照）。

こうした、ちょっとした笑顔をきっかけにして次に進むのは、身の回りの日常的な話題でしょう。たとえば、共通の趣味や関心、興味のあることについて話しだすことになります。

まあ、これはおしゃべりの一種ですから、一歩踏み込んだ対話ではありません。あたりさわりのない、相手との関係の始まりをつくっていくきっかけといってもいいと思います。

†高圧的な態度にどう対応するか

もちろん、会社の上役とか仕事での上司といったように力関係の生じる相手の場合には、なかなかむずかしい場合もあります。とくに相手が高圧的な態度で、こちらに何かを押し付けようとしている場合には、なかなかこのおしゃべりは通用しません。

では、高圧的な態度や居丈高な姿勢に出会ったときには、どうすればいいのでしょうか。

そうしたときは、相手のことばや態度に即座に反応せず、とにかく相手の言うことを受け止めてみることとです。この「受け止める」というのは、「受け入れる」ことではありません。必ずしも賛同することではなく、とにかく相手が何を言おうとしているのか、それはなぜかということを、少し距離を置いて冷静に観察するということです。

そのときに、自分の価値観による判断、たとえば、快不快や「いい・わるい」あるいは

「あってる・間違ってる」という判断を一時中断してみるのです。

そうすると、善悪や正誤という自らの倫理観をも相対化することになるため、不思議なことに、相手の気持ちの状態がよく見えるようになるし、場合によっては、逆に親近感の生まれることもあります。これが哲学でエポケー（判断中止）と呼ばれる技法です。

†恐れとしての態度

高圧的な態度や居丈高な姿勢は、一種の恐れを表しているものです。

何かを恐れているために、そして、それに触れないようにするために、そうした態度や姿勢は生まれるのです。

「弱い犬ほどよく吠える」という比喩を思い出してみてください。

でも、相手の恐れている「何か」をこちらから知ろうとしても、なかなかわかるものではありません。むしろ、その「何か」に相手自身が自分で気づくということがポイントなのです。

そこには、さまざまなきっかけがあります。このきっかけは本人にしかわかりませんから、無理に知ろうとせず、じっと待てばいいのです。

そのうちに、相手自身がそのきっかけを語りだすときがきっと来ますから、そのときを待つのです。

ときがきたら、相手の恐れている「何か」をそっと掌に包んで、相手と自分との間に静かに置き、お互いにゆっくり観察してみようという姿勢をとればいいわけです。

こうすることで、相手の価値観、つまり大切にしているものが少しずつ見えてきますから、それをどうしたら尊重できるだろうかと、あなた自身が考えてみることになります。

あなたがこのような気持ちになることで、相手の反応は確実に変わります。そうしたら、相手の目を穏やかに見て、にっこり微笑めばいいのです。

このようなプロセスを経て、まず相手の話を聞き、少しこちらの話もするという、おしゃべりを始めることで、相手も自分の態度や姿勢について次第に気づくようになっていくはずです。そこから、少しずつ次の話題に入っていくという工程を踏めばいいでしょう。

相手がどんな人であるかを知る、つまり、相手と自分の関係を知ることによって、本来の対話の入り口に立つことができるようになります。

†「聞く」と「聴く」

さらにもう少し込み入った話を一対一で始めようとするときはどうしたらいいでしょうか。相手と自分の間に何か共通の話題が起き、これについて話そうとするときです。

それはひたすら相手の話を聴くことから始まります。「聞く」と「聴く」の違いに注目してください。

ひたすら相手の話を聴く、これは簡単なようで意外にむずかしいものです。たとえば、話題の中で自分の知っていることが出てくると、つい口を出してしまいがちだからです。

こちらから口を挟んでしまうと、相手の話が中断し、話題がそれてしまったり別の方向に行ってしまったりします。多くのおしゃべりはそのようにして流れていくのですが、何かについてきちんと結論や方向性を出そうとする場合には途中で口を挟んだりせず、まず相手の話にしっかり耳を傾けることです。

こんなふうにしてみると、わたしたちは、日常の生活の中でいかに他者の声を聴いていないかということに気づきます。おそらくは、ほとんどの人が、他者の声を聴きとろうとはしていないのではないでしょうか。むしろ聴かないようにしているのかもしれません。

なぜなら、他者とは自分とは異なるものであり、その異なるものの声を受け入れると、いままで自分のやってきたことをもう一度振り返らざるを得なくなり、場合によっては混乱に陥りかねないからです。このことが、まさに相互文化的出会いのむずかしさなのです。

この「聴く」という行為は、カウンセリングで言う「傾聴」という技法とも共通しています。とにかく相手の話をひたすら聴くということは、少なくとも相手を理解しようという姿勢を相手に見せることになります。

この「相手を理解しようとすること」、つまり他者理解が対話の活動にとっては、大変重要な役割を果たしています。

他者理解というのは次のような構成です。

1　相手の話を聴く。
2　ことばの表現から相手の言いたいことあるいは言おうとしていることを受け止める。
3　相手の言っていることに納得がいけばそれを受け入れる。
4　もし納得がいかなければどこの部分がどのように納得がいかないかを内省する。
5　自分にとってわからないところは、なぜわからないのか、あるいは相手がなぜそのように考えるのか、相手の言いたいことの背景や事情について考えてみる。

ここまでが、ひたすら相手の話を聴きながら考えることです。

なぜ相手がそのように考えるのかがわからない場合、あえて「なぜ」という問いを出してもいいと思います。そのことで相手はあなたが自分の話に関心を持っているという気持ちになるからです。そのことで相手の考えていることのあらましを知ることができます。

†相手の物語を聴く

さて、次は「物語を聴く」です。

対話は人と人とのかかわりですから、対話によって、わたしたちは、人との関係を紡ぎだすことが可能になります。

どんな相手にもまた、自分と同じ毎日の生活があり、そこには、さまざまな物語があることを受け止めるということが意味を持ってきます。この場合の物語というのは、その人個人の内部にある、さまざまな経験とその記憶です。

相手のことばに耳を傾けることは、相手の言いたいことの背景や事情の中に、必ずやその人固有の経験とその記憶としての物語のあることを知ることになります。

相手の中の物語を知ることは、たとえその人とは立場や考え方・価値観は違っていても、その人も同じ人間であるという思いを強くします。よりいっそう相手の話を聞こうという気になりますし、それはおのずと相手への共感へと結びつきます。

物語はすべての人の中にあります。その意味では、わたしたちは物語の中に生きているといえるかもしれません。相手の物語を知ることによって相手を理解するということが可能になるばかりでなく、自分の中の物語にも意識的になれるのです。

それぞれの物語という概念は、後の対話による納得と合意のところでも重要な意味を持ちます。

†人はすべて異なる価値観を持っている

もう一つ、他者理解ということは、相手の話を理解するということにとどまらず、相手の価値観を認めるということでもあります。

ここで価値観を認めるということは相手の価値観に従うという意味ではありません。むしろ相手の価値観をいちど受け止めて、どの部分がどのように自分と異なるのかを見きわめると考えたらよいでしょう。

ステレオタイプのところで述べたように、個人はすべて異なる価値観を持っています。自分とまったく同じ価値観の人はこの世に存在しません。その意味では世界には七〇億の価値観があるということができます。

ですから、大切なことは価値観を同じにすることではなく、それぞれが異なるという認識を持つことなのです。

お互いが異なっているという前提があるからこそ、では、どうしたら問題が解決できるのかという未来志向の対話を始めることができるのです。

お互いの価値観が違っていることは、むしろ、いろいろな見方や考え方あるいは発想を持ち合えるということなのです。お互いの異なる価値観を集めて、何ができるか、一緒に考えよう、というのが対話の原点だといえるでしょう。

相手の話をよく聴くことから始まる他者理解は、自分と相手の価値観の相違とその理由を見きわめ、そのことによって相手が相手としてそこに存在することを是認しようという考え方であり立場です。

さあ、他者理解ができたところでこれからいよいよ自己発信に移ります。自己発信とはすなわち自己表現のことです。ここから新しい対話の舞台が始まります。

エピソード07 他者によって救われる対話体験
——彼女はどのようにしてステレオタイプを乗り越えたか

ザビーネ（仮名）は、ドイツの大学でいわゆる「日本学」を学び、日本には日本語の習得をめざして一年間留学してきた学生でした。彼女が学んで来た日本学という分野は、日本の文学や歴史、あるいは経済や社会などを広く学ぶもので、旺盛な好奇心を持つ、たいへんな努力家という印象がありました。

すでにドイツで数年間日本語を勉強してきているので、ある程度のやりとりは可能だったのですが、彼女は、「日本人のように話せるようになりたい」という願望が強く、この活動への参加動機も、日本人と直接話せるからということであったようです。

対話の活動では、身近な人にインタビューをして、そこから、今まで気づかなかった、さまざまなことを発見してみようというプロジェクトをつくりました。まず自分のテーマを立てて、それから、インタビューの相手を探すという作業に入ります。ザビーネの場合は、日本人女性の生き方のようなことに関心があり、そのテーマを具体的にするために、自分が住んでいる留学生寮の管理人であるRさんにインタビューをしたのです。

ところが、そのRさんが自分の描いていた「日本人」のイメージとは少し違う人であることにインタビューの過程でザビーネは気づきはじめます。たとえば、すでに離婚していることとか、物事をはっきり言うタイプだとか、自分の生家を出て日本の各地で生活した経験を持っている、とかです。こうしたRさんの性格や経歴は、今までザビーネが描いてきた「日本人」とはかなり異なる人物像であることがインタビューを通じて明らかになってきたのです。

はじめ、ザビーネはそのことに驚き、インタビューの方法を変えようとします。

しかし、インタビューの中身を事実と変えるわけにはいきません。彼女は悩みます。このインタビューでは自分のレポートが書けない、そう彼女は思うようになるのです。このあたりで、インタビューそのものに挫折しかけてしまいます。

やっぱり、この活動は私には無理、そうザビーネが思いはじめたころ、突然、Rさんから連絡が入り、彼女の家に呼ばれて、対話が始まるのです。

R「しばらく来ないからどうしたかと思って」

ザビーネ「はい、レポートが忙しくて」

「どんなレポートを書いてるの？」

「それが……」

「もしかしたら、この間からやってるインタビューのこと？」

「はい……」

「この間のインタビューって目的は何だっけ」


こんなふうにして、Rさんから話しかけられるうち、次第に、ザビーネは心を開き、なぜそのようなインタビューをしようと思ったのかの心情をRさんに吐露しはじめたのでした。

インタビューをするはずのRさんから反対にいろいろな質問をされ、さまざまに答えているうちに、やっとインタビューを続けようという意思をザビーネは持つようになります。こんなふうに、自分のことに興味を持ってくれているRさんのためにも、レポートを完成させようと彼女は思い立つのです。

このザビーネの変化は、とても印象的です。「日本人を知るための」レポートのためだったインタビューがしだいに個人としての対話に変わっていくからです。この対話を通じて、ザビーネは、なぜ自分がそのような「日本人」イメージを持っていたのかということに気づくようになります。

自分の国で勉強していたときは、日本学という分野の中で、「日本人」とはこのようなもの、というイメージを持ち、それを背中のリュックいっぱいにつめこんで日本にやってきたのでした。

それが、ザビーネの場合は、自分のイメージと異なる人に出会うことによって、自分のステレオタイプに気づくことができました。そして、その気づきには、その人との心を開いた対話がとても大きな要素を占めていることがわかります。その発見は、国や民族のような集団の枠組みから解放されたとき、つまり、一人の個人となったとき、はじめて現れたのでした。一人の個人となるということは、対等な関係を結ぶということでもあります。対等の意味は、この人ならば話しても大丈夫、この人に私の心を開きたい、そのように思う感情です。ザビーネの場合、Rさんとの対話を通じて、Rさんとの対等な関係を精神的に結べたことに大きな意味があるでしょう。

このエピソードは、ザビーネ自身のステレオタイプからの脱出を物語るものです。当初は、Rさんを「日本人のRさん」として見ていたため、その枠の中に入らないRさんをどう位置づけていいのかわからなくなり、インタビューは中断したけれども、Rさんとゆっくり話すうちに、そうした「思い込み」が次第にほぐれ、「日本人のRさん」としてではなく、一人の個人のRさんとして見るようになる。このことによって、ザビーネは、自らのステレオタイプを乗り越えたのです。

2 自分の言いたいことを明確に表現するには

◎あなたはどんなことに興味・関心を持っていますか。
◎その興味・関心と毎日の暮らしや仕事はどのように結びついていますか。
◎あなたのしたいこと・やりたいことと生きる目的はどのようにつながりますか。

†興味・関心から問題関心へ

相手の話によく耳を傾けたら、だれしも、おのずと自分の考えを相手に伝えたいと思うようになります。

相手とのやりとりを通じ、対話の関係が生まれるとすれば、それは、まずあなた自身の興味・関心とのかかわりというところからでしょう。相手からもたらされた話題と自分の興味・関心とのかかわり、これこそが、対話の始まりということができます。

その漠然とした話題と興味・関心との関係から、あなたの問題関心も始まります。この場合の問題関心というのは、対話をすすめるために必要な、あなた自身のその問題への関心ということです。

問題への関心というのは、日常生活の中での、さまざまな小さなヒントによるものが多いことがわかります。

たとえば、営業の仕事をしていて、さまざまな顧客と接するうちに、人と人のつながりとは何だろうかという疑問を持つ人もいますし、外資系の会社で働いていて、自分の英語をほめてくれる人のタイプにはいくつかの類型があるというようなことに気づく人もいるかもしれません。また、海外旅行をするなかで、自分を受け入れてくれるかどうかは、国や地域の問題ではなく、個人の問題だと考えるようになり、ここから異文化間相互理解の問題に興味を持つようになる人もいます。

こんなふうに、日々の生活や仕事の中で、「おや」と思うことや「なんか変だな」という疑問から、自分の問題関心は発見できるものなのです。

反対にいえば、そう思わなければ、何も始まりません。つまり、現実生活に一〇〇パーセント満足していれば、何も考える必要がないし、何も変革する必要を感じないでしょう。日常の生活や仕事で、必ずしも不満とか疑問とかいうかたちではないにしても、何かを思い、感じることが、考えるきっかけになります。そのように考えはじめることが、今度は、何かを話すきっかけにつながります。

だからこそ、対話というのは、限られた人だけが行う、特別な行為なのではなく、すべての人が自分の中の課題をそれなりに展開させるために行うものだということができるでしょう。しかも、そうした対話の芽は、あなた自身の生活や仕事のこれまでの経験の中にすでに潜んでいると考えることができます。

この問題関心は、いわば社会生活を営む人間ならばだれでも持っているものでしょう。この場合の社会生活というのは、決して実社会で働いているという意味だけではありません。人間は生まれ落ちたときから、何らかのかたちで必ず社会とのかかわりを持つわけですから、たとえ子どもであっても学生であっても、人は常に社会人だといえるわけです。そういう意味での社会生活です。

その問題関心へのきっかけは、ちょうど夜空の星のように、あなたの中に無数に点在しているといえるでしょう。対話というのは、その点在する星をどのように集めていくかという作業といえるかもしれません。

†問題関心から問題意識へ

この問題関心をさらにすすめ、なぜ関心を持ったのか突き詰めたものが問題意識です。問題意識を持つと、「私はこんなことが言いたい、こんなことがいえるのではないか」といった漠然とした結論の予想のようなものがぼんやりとではありますが、見えてくることがあります。

問題への意識というのは、あなたが感じた問題への関心がより意識的になったものだということができます。一口でいえば、問題関心から問題意識への変容ということです。

興味・関心はだれでも持っているものですから、そこで一つの問題に絞っていくのは、それほどむずかしいことではありません。ですから、それは取り立てて考えたり、あるいは書き出したりするほどのことでもないとだれでも思っています。

ところが、問題意識となると、その問題関心から、やや意識的になるわけですから、あなたにとって他の人とは違う、自分の意識ということになります。そうすると、なぜ自分はそのことに意識を向けるのか、そのことは自分にとってどんな意味があるのか、ということをおのずと考えるようになります。これが問題意識です。

では、生活や仕事におけるさまざまな問題関心を一つの問題意識へと高めるためには、どうしたらいいのでしょうか。

†問題意識を高めるために

そのためには、第1章で述べたように、自分の中での思考と表現の往還、そして他者との理解と表現の循環が必要です（三〇ページ参照）。

まず「思考」は外側からは見えないものですから、しばしば「内言」（内なる言語という意味）と呼ばれます。この内言を、一度自分から外に出して、その思考のプロセスを他者と交換することによって相手に示すわけです。ですから、自分の「思考」（内言・考えたこと）を他者に向けて「表現」として「外言」化するわけです。この「思考」（内言）と「表現」（外言）の往還が、問題意識を高めていくための、唯一の方法だ、というのが現在のところのわたしの結論です。言い換えれば、このような当たり前の地道な作業でしか、「思考」と「表現」は活性化しないということなのです。

しばしば○○メソッドとか、○○法というような自己啓発の魔法の杖が紹介されることがありますが、それらが万能でないことはもはや言うまでもないでしょう。

思考の表現化とは、具体的には、考えていることを自分で把握し、それを相手に伝達し、それから相手からの反応をもらうということです。このプロセスを経て、あなたは自分の考えていることが相手に伝わったと感じるはずです。

これは思考と表現のプロセスであると同時に、自己と他者の間の理解と表現のプロセスでもあります。

「考えていること」の把握
把握したものの相手への提示
相手からの反応の確認
「考えていること」と表現化

内言としての思考と外言としての表現は、自己の中における往還の活動ですが、理解と表現という関係は、他者と自己の関係の活動であるといえます。

他者からの表現を理解し、そこから得た知見を、今度はこちらからの表現として他者に向けて表現する、この理解と表現のプロセスは、対話の活動の中で無限の鎖のようになってつながっていきます。この連鎖によってしか人間は考えることができないともいえます。

だから、対話するという行為は、この自己内の思考と表現の往還、他者と自己の間の理解と表現の連鎖をいか

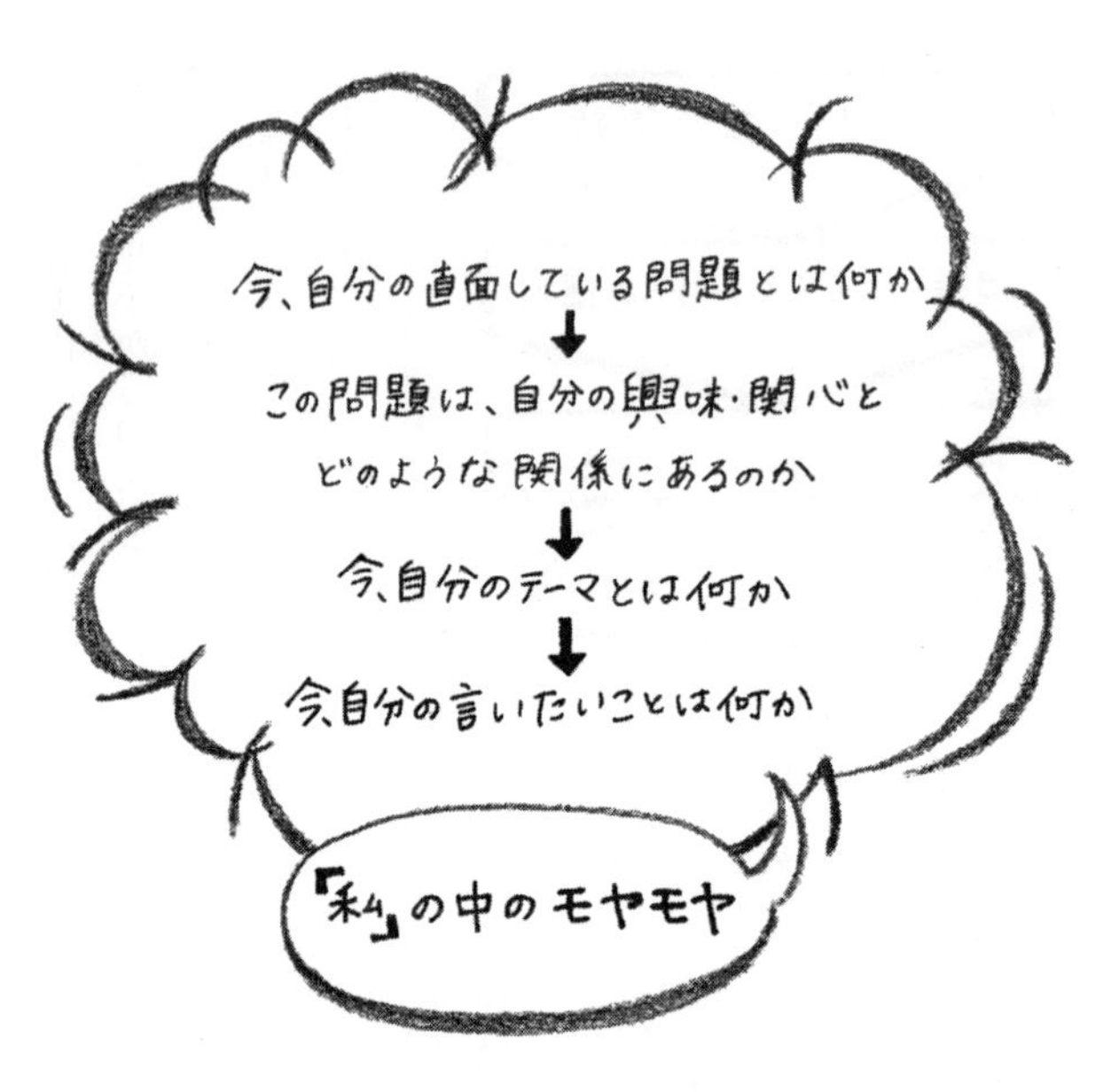

につくっていくか、ということでもあるのです。

問題意識を持って自分のテーマを立てる

ここまで読んでくると、問題意識を持つことは、テーマを立てることにつながっていることが見えてくると思います。

テーマが立てば、意見を出さないわけにはいかなくなります。意見を出すために、テーマを立てるといってもおかしくないでしょう。テーマを立てるというのは、自分の意見を明確にするということでもあります。

そこで、今までの問題を整理する

意味で、このような段階を考えてみました（上図）。

これらの項目が明らかになれば、ほぼ自分のテーマは決まります。そのためには、あなたの中の「モヤモヤ」を何とかしなければなりません。

そこで、このモヤモヤを整理することが必要になります。

ここでいう「モヤモヤの整理」とは、まずあなたの考えていることを把握し、他者に提案する内容を明確化するということです。それはすなわち、自己相対化という作業でもあります。この自分と対象との関係は、基本的には、「なぜ」「どうして」「何を」「どのように」という問いによって明らかになってきます。

この問いを持ちつつ、自分と対象との関係を把握するために、ことばによる顕在化（外側から見えるようにすること）が必要になるのです。ですから、とにかく対話することしかありません。この対話の活動が、あなた自身のテーマの設定につながることになります。

†私のテーマと生きる目的と――自分のしたいこと、やりたいことを発見する

では、いよいよ「私のテーマ」とは何かというところに来ました。

問題関心から問題意識へ、という流れの中で、「私のテーマ」というものは、人それぞ

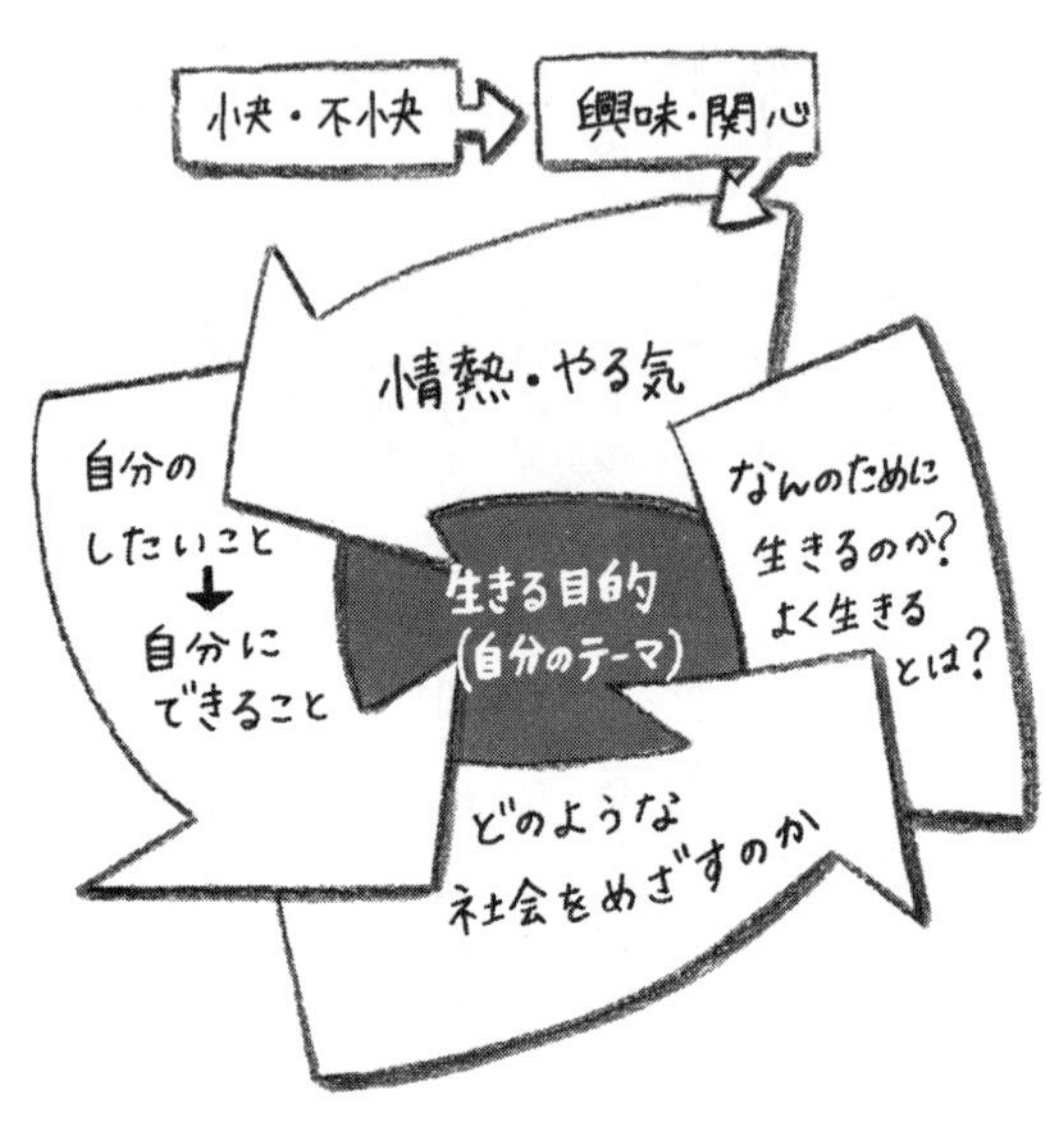

れに、自分の興味・関心と結びついているものであることが見えてきたと思います。

その興味・関心とは、最終的には、自分が何をしたいのかという課題につながっていくはずです。

では、自分のしたいこと、やりたいことというものは、どのようにつくられてくるのでしょうか。

上の図を見てみてください。

この図は、快不快（からだ感覚）・好き嫌い（こころ感情）、興味・関心（あたま思考）から始まる「情熱・やる気」が、「自分のしたいこと」と「自分にできること」に広がり、その自分を社会の中でどのように活かすかというところから、自分が「どのような社会をめざすのか」という問いを持つことによって、最終的には、「何のために生きるのか？　よく生きるとは？」と考えるようになるプロセスを表しています。

このすべての重なるところに、「生きる目的」が位置していて、それは、人の生きることの目的、つまり、あなたの人生の目的となります。

この「生きる目的」を具体的に表したものが、ここでいう「私のテーマ」に相当するのです。

ところが、この図の領域の一つ一つにあわせて、自分の場合を当てはめてみようとすると、おそらく多くの人は、なかなか当てはめるべき事象が見つからないというのが現実ではないでしょうか。

それは自分が何のために生きているのか、それはなぜかという問いをほとんど持たずにわたしたちが日常を過ごしていることを示しています。自分の興味・関心から出発して、得意なことがあり、それを職業にして働くことが、自分にとっての天職であり、使命だと感じている人がどれだけいるでしょうか。自分のしたいこと、やりたいことと現在の自分の生活や仕事がどれだけかけ離れているかを、むしろこの図は示しているともいえます。

ここには記述されていない「経済」は人が生きるための重要な要素の一つですが、それは、興味・関心、情熱・やる気があってはじめて成立するもので、お金のためだけに働くのならば、人が人として生きていく価値はないでしょう。

この図は、それぞれの自分の納得した生き方を描くものですが、この図の領域をどのように重ねあわせていくかは本当に人さまざまで、そこに一つの正解があるというわけではありません。

重要なのは、自分がどこにいて何を大切にしているかに気づくこと、そして「生きる目的」それ自体が自分にとって何であるかを発見することでしょう。

自分の希望進路をどう選び、どのような仕事についたらいいのかと迷っている人、学校は出たけれど、現在の生活や仕事などで何となく不満や不安を乗り越えられずにいる人、これからの人生のさまざまな局面において危機感を持ち、これを乗り越えるために何かを考えようとする人。このような人たちにとって、しあわせな社会とは何かと考え、他者とともに生きる豊かさを対話の活動によって知ることができたとき、そこに対話のある社会が実現するのではないでしょうか。

ここに、社会の中での生きる目的とそのテーマがあり、自分のしたいこと、やりたいことを発見し実現するために、他者と共有する対話の場の生成があるのだと思うのです。

†そして、テーマは変容する

ところが、ここでまた問題が生じます。

この自分のテーマは一回立てれば「はい、おわり」というものではないのです。対話をしながら、何かピンときたことがあったとしましょう。これを第一のテーマとすると、これは固定的に継続するものではありません。

たとえば、海外のことに興味があり、将来、海外で仕事をしたいと思い、英語の上達について考えたとしても、海外・仕事・英語というつながりが結論としてすぐに見えてくるわけではありません。

そうすると、もう一度、やり直してみることになります。

はじめは、「海外で仕事をするためには、英語を学ぶことだ」というテーマを立てたわけですが、この場合の「海外・仕事・英語」というつながりが明確でなかったことがわかったため、そのコンセプト自体をもう一度とらえなおしてみるということが起こります。

これは自分ひとりで考えていても、なかなか起こらない変化ですね。多くは対話という活動によって他者からの指摘で気づく問題でもあります。

そこから、たとえば、「海外で仕事をするということは、たんに英語を学ぶことではなく、世界的に通用する思考ができるようになることだ」というような考えが出てくることになります。これが第二のテーマです。そうすると、第一のテーマであった「海外・仕事・英語」という枠組みはくずれ、新しい立場を出さなければならなくなります。

第一と第二のテーマでは、予想される結論もかなり大きく変わってきますから、テーマの変容によって対話自体の組み立ても大きく変わりうるということなのです。

このように、「私のテーマ」自体は少しずつ変容するものなのです。はじめに立てたテーマにこだわりすぎると、このような変容が見えなくなる危険があります。たしかに最後までフラフラしていては、固有の主張は立てられませんが、このテーマの変容を柔軟に受け止めることが自分の興味・関心に沿ったことを実現するために有効だということになります。

そしてさらに、海外で仕事をすることは、自分にとってどんな意味があるのか、という「生きる目的」を考えるようになれば、自分が本当にしたいこととは何かという「自分の使命」のようなものも見えてくるはずです。

これが、対話という活動によって創出される「私のテーマ」です。

†コミュニケーション能力幻想

「対話はコミュニケーション力だ」というようなことがしばしば語られます。

コミュニケーションという考え方は、心理学や教育学などで使われはじめ、とくに英語教育や外国人のための日本語教育などで、「コミュニケーション能力」という言い方が一九七〇年代から盛んに使われるようになりました。

この場合のコミュニケーション能力は、習得した語彙（ごい）や文法を場面に合わせて適切に使えることを指すもので、「能力」という表現がとても技術的な側面を持っています。

これに対して、もう少し大きな意味合いで、人と人のやりとりというニュアンスを伝えるために、「コミュニケーション力」という言い方が一般的には使われるようになりました。

少しむずかしく言えば、人間の言語活動は、自己と他者の関係であると同時に、自己の思考や内省をも含む、複雑で重層的な活動なので、コミュニケーションは、個人の認識、思考に基づく、論理と感覚・感情を包含した人間相互理解のための活動であるわけです。

ですから、コミュニケーション力というのは、こうした個人の人間としての言語活動の総体を課題としてとらえていることがわかります。

このような用語の混乱による意味の誤解を避けるために、この本では、コミュニケーションという用語をできるだけ使わずに、あえて対話という表現で統一してきました。

人と人がつながり、お互いを理解して、よい関係をつくり、そのことによって、さらに住みよい社会をつくっていく、これが対話、つまりコミュニケーションの本義だと考えられます。したがってここには正解はありません。

どのようにすれば人と人がつながれるかということに関してマニュアルやテキストも存在しません。つまりコミュニケーションをするために何か特別な一つの方法があるというわけではないのです。

人間はその個人の総体としてさまざまな力、いわば能力を使いながら相手とコミュニケーションをしようとするわけです。それはきわめて全一的つまりホリスティックな活動だということができるでしょう。

この場合、その一つ一つの能力というのを数量的に測定することはできませんから、数値の高いことがコミュニケーション能力があることだと考えるのは誤解だということになります。

　前述の外国語教育では、コミュニケーション能力というものを、ある知識とそれを使う運用のためのスキルというように限定して考える傾向があります。

　知識とスキルだと限定して考えれば、具体的に測定できる能力があるように考えることができるかもしれません。しかしそれも幻想なのです。なぜなら、人間はそのようにしてコミュニケーションを行っていないからです。

　コミュニケーション能力を言語知識とその運用のためのスキルとして限定する外国語教育の世界では、その能力さえつければいいという常識が一般的になってしまい、そのことばを使って何をするのかという問いが教師にも学習者にもまったくありません。

　ですから、多くの外国語学習者たちの、あたかも外国人のように話せるようになりたいという願望、わたしはこれを外国語ペラペラ願望と呼んでいますけれども、このペラペラ願望を持つ限りいつまでたってもその狭い意味でのコミュニケーション能力観から抜け出すことができないのです。

†「正しさ」からの解放

コミュニケーション能力幻想に加えて、対話をする際に、知らず知らずのうちに自分の思考と表現の活動をさまたげている問題について、この項の最後に考えてみましょう。

あなたは、対話をしようとするとき、どこかでことばの「正しい」表現をめざしてはいませんか。もちろん、すすんで「誤った」表現を使いたいと思っている人はいないでしょうが、自分の外側にある「正しい」ルールや規範に自分を沿わせようとすることで、いつの間にか「自分で考えること」をやめてしまってはいないでしょうか。

たとえば、テニヲハは日本語の命であり、これを忽せ(ゆるが)にはできないという人は大勢います。しかし同時に、もしテニヲハがことばの命であるとしたら、個人の対話中のテニヲハの意味はその個人にしかわからないものであるはずです。テニヲハ一つひとつの使い方は、どこかにルールや規範として記述されているわけではなく、あなたの中に日常のことばの感覚として息づいているわけですから、これをどのようにして表現するかということでしょう。それは、あなたにしかできない作業であり活動なのです。

状況や場面に即した表現に、マニュアルや手引書はほとんど通用しません。

さまざまな経験に照らして試行錯誤を繰り返しながら、どうしたら相手に伝わるかを考えていかなければならないからです。これこそが対話の役割なのでしょう。

こうしたとき、あなたにとって必要なのは、「正しさ」のルールや規範に自分を合わせることではなく、自分の「考えていること」を自ら「引き出す」ことであるはずです。しかも、それは一回かぎりの修正においてではなく、幾度とないやりとりの中で醸成される、他者との活発な往還関係によらなければなりません。

ここでは、表現の形式的な正確さよりも、情報の質としての説得の可能性、つまりあなたの「言いたいこと」が重要なものとなります。あなたは自分の外側の「正しいことば」のルールや規範の束縛から解放されてはじめて、自分自身のことばを自分なりの対話のスタイルによって他者に提示することを体得することになるでしょう。それはすなわち、あなた自身が自律的に自分なりの言語活動の方法論を身につけること、つまり自分自身の対話のスタイルの発見を意味するのです。

どこかのだれかがつくった（と思われている）既成の規準に合わせることでは、自分の対話スタイルは発見できません。「正しさ」を求めることが目的化してしまうと、いつのまにか個人の目的達成の追求へと向かわせ、能力の競争と格差を助長するような状況を生み出し、それは社会の分断につながることになります。

究極的には対話の内容は、外側からの「情報」というかたちで規定されるものではなく、むしろあなたが「自分自身で発見したもの」となるでしょう。

このことが、テーマを発見・設定し、それについて自ら解き明かしていくための「方法論」として重要になるのです。自分自身の興味や関心にしたがって表現したいものを発見し、それを自分のことばの活動に活かす、その経験そのものが対話の内容となるのです。しかも、そうした自律意識をあなた自身に持たせ、主体的に活動に取り組めるよう対話を方向づけられるのは、この世にあなたしかいないのです。

エピソード08 学習者として教師として――韓国人日本語教師との対話

現在、大学の日本語センターで非母語話者として日本語講師を務めている金龍男（キムヨンナム）さんが、「学習者として教師として――日本語習得のライフストーリーから」という文章で自分の日本語活動経験を綴っています。

韓国で勉強していた当時、ヨンナムさんにとって日本語は「たくさん覚えて、十分練習

した後、必要に応じて手際よく活用する」ものとなっていました。

学校のテストで毎回ほぼ完璧な答案が出せただけでなく、実際にも頭に浮かんだことのすべてを日本語に置き換えることができ、日本人の先生とのやり取りにおいても何一つ不自由を感じなかったので、自分の日本語はもう完成したとまで思っていました。

ところが、来日してからの日本語が「実感のないことば」となってしまいます。

……いざ日本で暮らし始めてみると、最初から何ともいえない違和感を覚えました。日本で実際耳にする日本語は、教科書の世界での日本語とはずいぶん違っていたのです。それまで十分わかっていると確信していた日本語の構造と枠が根本から揺さぶられました。……表面上は、アルバイトの傍ら、新しい交友関係も着実に広げていたので、日本での生活にすっかり馴染んでいるように見えましたが、実情は違っていました。なぜか私には人と自分がつながっているといった実感がありませんでした。自分がこの地の一構成員として根を下ろせず、ずっとお客さんのままでいる感じがしていました。人と話す時、自分の口から確かなことばが流れているのに、私自身はそこにいない感じがしました。抜け殻のような日本語を話している感覚のまま、本当の自分がさらけ出せず、次第に孤立感を覚えるようになりました。しかし、何が問題なのかがわからず、これ以上何を勉強すればいいのか悩みました。

この状態を乗り越えた対話活動の経験を、ヨンナムさんは、次のように記しています。

対話の活動には大学院に進学してから出会いました。それまで対話の活動の経験がなかったため、そもそも「教科書なしで日本語が学ぶ」という発想が私にはありませんでした。そのため、この活動への第一印象は、「肩の力を抜いてのんびり日本語を交わす場所」でした。当然、新しい何かを学ぶといった期待感もなく、これまで培ってきた日本語のフル活用＝活動だと漠然と思いました。ところが、このクラスで私はそれまでの自分の日本語観のすべてを覆される経験をします。

その具体的な対話の活動の例として、日本語の誤用の修正と添削のことをあげています。

大学時代から長年にわたって日本語を学習してきた私にとって、母語話者による添削は不可欠な過程でした。日本人に最終チェックしてもらうことでようやく私の日本語は日本語らしい形になり完成すると思っていたのです。しかし、対話の活動では、非母語話者の私の日本語の使い方や表現の正しさ・日本語らしさに触れる人はおらず、私の話す内容に注目し、私の考えていることを理解しようとし、また話の続きを聞こうとしました。活動では「互いの考えていることの交換」がやりとりの中心となったため、私も自然と日本語としての完全さよりは、いわんとする内容をいかにことばで具現するかにフォーカスする必要がありました。

最後に、ヨンナムさんは、当時の自分を次のように振り返っています。少し長いですが、最後まで読んでみてください。

今になって思えば、長い間「日本語にしたものを添削して完成」する訓練を受けてきた私は、日本語を形の見える膨大な「構造物」として捉えていました。そして、なんとかその枠の実体を究明し、日本語を自分に従属させようと思っていたのでしょう。しかし、日本語の構造にばかり注目したことは、かえって枠だけの日本語の世界に自分自身を閉じ込め、さらに奥のほうへと追い込む結果を招いていたと思います。それまで長い間、私は自分が日本語を用いる「主体」であることに気づかずにいましたが、対話の活動に参加したのを機に、自分の用いる日本語の構造ではなく、その向こうにいる相手を見るようになりました。自分の思いを日本語にのせて相手に伝えることを意識するようになって、ようやく自分と他者が「つながる」感覚を得られるようになったと思います。日本語は自己表現のための言語的手段の一つで、相手とコミュニケーションを成り立たせるための道具に過ぎなかったのです。

この文章は、金龍男「学習者として教師として――日本語習得のライフストーリーから」（細川英雄・武一美編『初級からはじまる「活動型クラス」』スリーエーネットワーク）をもとにしています。ご本人の承諾を得て、部分的に変更し、ここに掲載します。

3　対話による納得と合意

◎あなたにとって対話の中で納得したという実感を得られるのはどんなときですか。
◎自分と相手の生きる目的が異なるとき、あなたはどんなことを考えますか。
◎この社会であなた自身が生きているという実感を得られるのは、どんなときですか。

†対話による自己と他者の連鎖

ここまでの検討によって、対話による思考と表現の往還によって、あなたの問題意識とテーマが固まってきました。

そして、その対話の活動は、あなたと相手がお互いに納得し合意することで、一応の終結を見ます。これが対話による納得と合意です。

自己における思考と表現の往還がテーマを導き出すプロセスであるとすれば、そのテーマを他者と交換し、互いに相手を理解しようとするつながり、すなわち自己と他者の連鎖とでもいうべき活動が、この対話による納得と合意のプロセスです。

この納得と合意において、ブラックボックスである他者との一〇〇％の一致は決してありえないわけですから、むしろ大切なのは、そうした両者の違いを互いに認識しつつ、相手の意見・主張を認め、さらに新しい提案に向けて踏み出すことです。

ここでは、この納得と合意の意味、それはなぜ必要なのか、納得と合意はどのようにして形成されるのかについて考えてみましょう。

†対話による納得と合意の意味

互いに納得するために必要なことは、自分の意見が通ったという感覚をあなたと相手がともに持つことです。そのためには、意見・提案の内容への信頼が必要ですが、ここでは、その内容とともに、互いの相手への信頼、安心、すなわち大丈夫感といったものが重要です。そのためには、互いが理解しともに考えるプロセスが必須となります。

納得した、合意した、という感覚は、説得と納得の相互関係から成り立っています。

まず、説得とは、内容の整合性、相手への信用・信頼からなります。

説得では、自分の意見・提案内容に対して相手の信用・信頼を得ることが不可欠です。自分が意見や提案を述べる際に、その内容が理にかなったものであること（合理性）、たしかな検証にもとづくものであること（信憑性）が相手を説得するための条件となります。

当然、その説得に理解を得るためには、知識や経験に基づく説明が必要になります。

ただ、知識や経験は万能ではありません。共通知識を持たない相手に対しても、自分の主張や提案に対してわかりやすい説明をていねいに行い、質問に対して的確に対応するという態度が肝要でしょう。そのような姿勢によって、自分の意見や提案の内容を相手に信用してもらえることになります。

これが、次の納得につながります。

納得とは、これで大丈夫という感覚です。

「この人は大丈夫」と確信してもらうためには、お互いの不信感や不安感を払拭することによって信頼関係を構築する以外にありません。

互いに納得できる状況を見出すためには、まず、互いの意見を十分に理解し、その背景にある互いのテーマを見つけ出します。そのテーマこそが各人が納得できるための要素となるのです。そして、これらの要素が共存できる方法を熟慮し、それらの要素が結集されたものを見出します。この結集されたものこそが互いに納得できる状況といえるでしょう。このように、それぞれが自分に向き合っていることを示すことによって、お互いの安心感は醸成されるといえます。

では、何のための納得と合意かというと、それは、対話のプロセスを通して、お互いが自分を肯定するためであり、生活・仕事・人生を自分でつくっていくという実感を自ら持つためでもあります。

このように考えると、自己と他者が協働して納得・合意するのは、参加者全員でつくっていく共同体としての社会のあり方そのものということができます。その意味で、自己と他者の納得と合意は、この社会で生きていくための基盤であるといえます。

自己の外部にある権威に従属するのではなく、対話によって得られた成果をもとに、あなたと相手がともに新しい社会創造をめざすしかないのです。

†何のための納得と合意か――相互の生きる目的とテーマの確認

対話とは、広く自己と他者の人間関係を構築する行為であるといえるし、さらにこの関係構築によって、共通のコミュニティを形成していく活動でもあります。

ですから、それぞれの価値観の交流やそれに伴う自己の内省が重要な要素となるし、そのような自己の内省はコミュニティにおける当事者自身のアイデンティティのとらえなおしの問題とも深く関与しています。

このような立場からすると、対話を個人の能力という点だけに焦点を当てて考えることは、個人の生涯の達成の方向性を見失わせる恐れも生じることとなります。

ここで重要なのは、対話の場を、自己と他者を取り包む環境としてとらえ、ことばの活動環境としての場をどのように設定するかという課題について考えていくことです。

このことを考えるためには、まず対話の目的について検討しなければなりません。

わたしたちは、対話によって、どのように生きるのか問われているといえます。

つまり、対話という活動によって、自律的に考えていくことのできる自分をどのように形成できるかということです。すなわち、自らのテーマに気づき、自分の利害だけに収束させず、社会への参加というかたちで実現できる自己の形成です。

対話によって提示されるテーマは、きわめて多岐にわたります。それは、個人一人ひとりの過去・現在・未来の生涯ドラマの断面でもあるといえます。その固有のテーマを他者に向けて提示するという行為によって、人は、自らの人生テーマを意識し、生活や仕事への道筋として形成していくのです。さらに、このテーマは、ことばの活動を自律的に意識化し、他者・社会との関係を総合的にとらえていく個人となること、つまり、「ことばの市民」とでもいうべき個人の生き方・あり方とも連動しています。

こうした対話の方向性は、自らの問題意識のあり方をもう一度根本的にとらえなおす場となるでしょう。

そうなったとき、対話の主たる目的は、断片的な知識や情報を効率的・効果的に交換したり取得したりすることではなく、対話の活動によって生じる諸問題を対象として自らのテーマについて徹底的に考えることとして浮上してくるに違いないのです。

ここで形成されるのは、個人の能力や技術ではなく、対話の活動のプロセスを通じて育まれる、相互の生きる目的の総体です。その生きる目的とは、自分のテーマの発見を通して、自らが帰属する社会とは何かを考えることです。自分のテーマの発見とはまず自分の過去・現在・未来を結ぶテーマの発見であり、このテーマは自らの生活・仕事・人生を貫くモデルとなるものです。それは必然的に生涯を通じて学び続ける人生の構築、すなわち私はなぜ生きるのか、何のために生きるのか、という「生きる目的」へとつながるものでしょう。

そこでは、個人の持つ、さまざまな特性を自らデザインできるような道筋をあなた自身の想像力によって創造することができます。このことこそ、人間のアイデンティティ形成に立ち会う対話の、本来的なあり方なのです。

†納得と合意はどのようにして生まれるのか——この社会で生きるための基盤

それでは、対話における納得と合意は、どのようにして生まれるのでしょうか。

納得と合意を生む対話について考えるためには、たとえば、現象学における本質観取という技法がとても参考になります（竹田青嗣『欲望論』、講談社）。

現象学では、まず正義とは何か、愛とは何かといった、その場にいるメンバーにとって論じる意味のある大きなテーマ（概念）を決め、そのテーマに関するそれぞれの経験を内省的にキーワードとして出し合っていき、最終的には、一つの共通了解の成立をめざします。

なお、「共通了解をめざす本質観取」という現象学の解釈は、竹田青嗣の解釈による現象学という意味で、「竹田現象学」といういわれ方をしたりしているようです。竹田青嗣と西研による、「本質観取」とは何かの考え方は、現象学研究会のホームページで明快に説明されています（http://www.phenomenology-japan.com/honntai.htm）。

さて、本質観取という活動では、まず問題提起にしたがって、この問題テーマに関するそれぞれの経験をキーワードのかたちで出し合い、そこで他者との比較・検討が行われます。個人一人ひとりの価値観・立場・背景はそれぞれ異なるため、ここで簡単に合意が得られるわけではないけれど、説得と納得のプロセスを経て、何らかの共通了解が生まれるまで、開かれた言語ゲームが果敢に展開されます。言語ゲームというのは、イギリスの哲学者・ウィトゲンシュタインのつかった用語で、わたしたちの生活はすべて言語によるゲームとして構成されているという理論です。本質観取というのは、このようなやりとりを経て、信念対立による共通不了解を何とか乗り越え、自由の相互承認によってルール成立をめざしていく活動といえるでしょう。

振り返って、この本質観取を対話の文脈の中に置き換えてみると、そのまま対話活動の原形として符合します。テーマ設定からさまざまな他者とのやりとりを経て、納得と合意に至るプロセスは、対話活動そのものであるといえます。

さらに、開かれた言語ゲームとはすなわち公共性を持つことばの活動そのものであり、そうした活動によって、個人と社会の関係が少しずつ明らかになり、ここに個の市民性形成の姿が立ち現れます。こうした市民性形成は、命令者がいてそれに従う者がいるという絶対支配関係の世界では到底実現できないことを本質観取は如実に表しています。

課題は、問題設定が個人の外部にある一般論を対象とした場合、自己・他者・社会の循環が起こりにくいという点です。したがって、どんなに抽象的な概念であっても、その基本は、個人自身の欲望から出発すること、それを他者とどうつなぐか、さらにそのことが社会形成へとどのようにかかわるのか。こうしたことを考えるための環境設計、すなわちデザインこそわたしたちの対話に与えられた課題ではないでしょうか。

このような意味で、この哲学の実践は、対話そのものであるといえますし、哲学なくして対話はありえないということが明らかになります。

自分の中にある思い込み、知らずに身につけてきたビリーフ（信念）や権威的な物の見方を鵜呑みにした考え方、そういったことに気づくこと、それが自らの中にある絶対支配世界を乗り越えるということであるとすれば、ことばの活動によって、わたしたちはどのように個人と社会の自由を取り戻すことができるでしょうか。自らの中にある絶対支配世界を乗り越え、哲学の立ち向かう共通の課題の実践として対話活動があるのだと改めて気の引き締まる思いがします。

対話は、自己と他者が向き合い、その活動を通して、この社会で生きるための互いの共通基盤をつくるものだといえるでしょう。

†人間存在を表す対話とは

この節の最後に、以上のような対話の活動を支えていることばの活動が、からだ（身体）・こころ（心・精神）・あたま（思考・論理）が一体となったホリスティック（全一的）な活動であるということについてまとめておきます。

からだ・こころ・あたまというのは、人間の身体からの感覚、心を支える感情、そして思考による論理ということを表しています。これらがすべて一つになってわたしたちは言語活動というものを営んでいると考えることができます。

このようなことばの活動は、ホリスティックであるがゆえに、その人固有のものだといえます。ということは、ことばの活動は一人ひとりすべて異なるということなのです。

ですから、「このようにしたらこうなる」というような予定調和的な図式は成立しないのです。さらに、優れた教材を作れば優れた結果が一様に出せるという教育の発想は、まさに幻想だということになります。人間が形成される、個人が成長するということは工場で製品を生産するというようなことではないのです。できるだけエラーをなくし画一的に同じものを作っていくという工場的生産の発想とはまったく異なるわけです。

人は、対話ということばの活動によって、その過去・現在・未来を自由に描くことができます。

課題は、そうした自由をさまざまな「教育」という名の軛轢によって封じ込めていることです。表現の場をつくることは、こうした軛轢から自らを解放することではないでしょうか。それはわたしたち個人一人ひとりに課せられた生涯のテーマであるといえるでしょう。

そのことによってはじめて、ことばの使用者は自分が社会の一員であること、つまり社会的な行為・活動の主体であることを認識するようになるのです（二〇一ページ参照）。

対話の活動とは何かと考えたとき、自分は生活・仕事・人生において何をするのかを個人一人ひとりが考えること、そしてそのような活動の場をつくること、これが対話の始まりだということができると思います。

本来、人の学びというのは、自分のしたいこと、興味・関心に基づく動機があって、そのために〈何か〉を学ぶというものです。もちろん、その〈何か〉の学びの過程で、さまざまな、自分の知らなかった未知の現象に触れ、そこから刺激を受けて、いろいろなことを考えるようになります。

だからこそ今、考えなければならないのは、この本で繰り返し述べるように、自分が何をしたいか、何がやりたいのか、という課題なのです。

大切なのは、自分は何がしたいのかということを対話によって一度振り返り、それを他者と共有すること。それは、もう一度自分のしたいこと、やりたいことのイメージを自分でつくることではないでしょうか。

自分のテーマを発見することが、対話者双方にとっては大きな意味での学びです。同時にそのようなテーマの発見の場をつくること、これがあなたにとっての対話の活動実践です。それは、自分はなぜ生きるのかという根源的な問いを自分自身に問うこと、すなわち生きることの源泉を考えることにつながる活動だということができます。

ここでいう対話による学びとは、ことばの活動を通して、自らのテーマを発見するとともに、それを個人の利害だけに収束させず、社会への参加の実現へ向けて、自らを更新させていくことでもあります。この自己の形成、すなわち、ことばによる市民性形成こそ、これからの対話活動がめざすべき新しい方向性であることを提案するものです。

個人の持つテーマの重要性は、さまざまな分野・領域においても具体的な課題として意味をもつでしょう。個人の視点を忘れた社会追従や技術主義に陥ることなく、一人ひとりの問題意識に基づくテーマの発見に根ざしたものでなければなりません。むしろ、ことばの活動を通した、生涯にわたるテーマの発見こそ、わたしたち人間にとっての使命であり、このことは、個人の生涯を通じてなされるべき課題であるとわたしは考えるからなのです。

エピソード09 対話はプロセス——挑戦するためのゲーム

数年前に南米ブラジルを訪れた折、サンパウロ郊外の日本語学校で、一時間ほど時間をいただいて、数人の子どもさんたちと対話をする機会がありました。

そこでは、自分の興味・関心について語ってもらうという対話でしたが、その中の一一

挑戦するためのゲーム（未定）

ー11歳の作文から

ぼくにとってポケモンが好きな事とは何か？

それは色んなしゅるいのポケモンがあります。
そしてあたらしいポケモンをみつけたりつかまえたりできる。
そしてぼくにとってどんないみはつかまえたらすごくあつくなる。
そしてうれしくてもっとちがうポケモンをつかまえたい。
サッカーはたまにあつくなる時はこのしあいでかつぞとあつくなる
そしてテレビを見ていてもあつくならない
本はおしろい本とかアドベンチャーの本を読んでいたらあつくなる
そしてポケモンで一番楽しい事はレベルを上げたりしんか
させたりすごいつよいポケモンとバトルしてたりする。
そして一年間ポケモンをする。
きょみがなくなったらむずかしいゲームにちょうせんしたい。

歳の日系の少年が「挑戦するためのゲーム（未定）」というタイトルで、上のような作文を書いてくれました。「未定」とあるのは、時間中には、なかなかタイトルが決まらず、あとから了解を得てつけたものだからです。

私「君は何が好き？」

少年「ゲーム」

「ゲームのどんなところが好きなの」

「ゲームをするとあつくなる」

「あつくなる？」

「あつくなるってどんなかんじかな？」

「アドベンチャーの本とか読むと、ときどきあつくなる。ポケモンもそう」

「そうか、こころがおどるってことかな」

「うん、そうかな、でも、よくわかんない」

「何をしてもあつくなるの」

「テレビとかだと、あまりあつくならない」

「そうか、あつくなることが大事なんだね」

「うん、ちょうせん、かな」

「挑戦?」(他の子どもとのやりとりで出て来た「挑戦」ということばを使う)

「うん、挑戦」

「ポケモンのゲームは挑戦ということ?」

「うん、だから一年たったらやめると思う」

「どうして一年でやめるの?」

「だって、挑戦だから」

「そうか、ポケモンのゲームは、君にとっての挑戦なんだ」

「うん」

「だから、挑戦するためのゲームなんだね」


対話の活動では、日常のあらゆる出来事と「この私」とのかかわりにテーマを見出すことになるのですが、それは対話の場それ自体が、決して訓練・練習の場ではないということをここでは考えました。このことを認識すると、話すことも書くことも、一つのプロセスとしてとらえることになります。作文というと、どうしても生産物（プロダクト）としての完成度に注目してしまいがちですが、それこそが子どもの日常とテーマの関係を阻むものであり、「正しい日本語」へのモデルを設定しがちになってしまいます。

そうではなくて、話すことから書くことへという活動の中で、書くというプロセスを尊重すること、このことによって、子ども自身が、自分の興味・関心について、心置きなく話しだし、それを記述する喜びを見出すのです。

ここでは、言語の形式・構造に目を奪われないこと、形式調整はあとからいくらでもできるのですから、今ここで、「私」のテーマを子ども自らが語りだすことを待てばいい、このプロセスこそ重要なのだ、とわたしは思っていました。

わずか一時間ほどの短い時間でしたが、とても充実した話ができたように感じたのでしょうか、対話のあと、そこにいた数人の子どもたちもみな同じように緊張に頬を赤らめていました。

第4章
対話することばの市民へ

最終章では、少し大きな観点から、自己・他者・社会の関係について、対話が果たす役割について考えることにします。

ここでは、あらためて対話する相手とはだれかということを課題化した上で、その対話と自由であることの意味、個人が自律することと他者との共生など、対話することの意味とその責任について検討します。

このことから、人が対話という活動によって一人の市民、すなわちことばの市民になることの意味と課題について考えます。

1　この社会でしあわせに生きるために

◎あなたにとってしあわせとは何ですか。
◎あなたのやりたいこと、生きる目的は何ですか。
◎「考えること」の意味について、あなたはどう思いますか。

†しあわせのかたちとなかみ

人がしあわせに生きるには、何が必要かという問いは、とても大きな課題です。ですから、そう簡単には答えを出せそうにもないのですが、まず社会と個人という観点から考えてみましょう。

社会のしあわせというと、戦争のない平和な世界はだれもが求めるところですが、それはそれぞれの社会の制度や枠組みと深いつながりのあることがわかります。

たとえば、できるだけ貧富の差をなくして、貧困による差別や教育の機会均等が守られることが社会の仕組みとして必要だということは、さまざまに論じられています。このことによって、個人一人ひとりが未来に対して希望を持って生きることができるような社会こそ、わたしたちが求めているものです。

これを個人のしあわせという観点から見ると、経済的安定と心の自由ということではないかと思います。

経済的安定という点は、毎日食べていけるだけの基本的な収入がすべての人に保証されるというベイシック・インカムという考え方もあります。すべての人がしあわせになるためには、経済的な最低限の保障が必要なことはいうまでもありません。ただ、経済的に豊かになり、モノがあふれても、それだけでは、わたしたちはしあわせにはならないこともまた自明です。

それが心の自由、精神の自由ということです。

心の自由という点では、個人一人ひとりの考えていることが実現できること、自分のしたいこと、やりたいことができることがとても重要でしょう。そのためには、さまざまな言論の自由、表現の自由がその社会として保障されなければなりません。

経済がしあわせの実現のためのかたちだとすれば、個人の精神の自由とは、なかみ、つまりしあわせの中身だということになります。

このような意味では、少なくとも日本の社会においては、経済的発展によって形は整い、モノは溢れるようになりました。しかし、そうした個人一人ひとりのしたいこと、やりたいことを果たすための、精神の自由はどれだけ自分のものになっているでしょうか。

†やりたいことが見つからないという不安

もちろん、言論の自由、表現の自由は、憲法によって保障されています。したがって、わたしたちは、精神の自由の大切さについてよく知っているはずです。

ところが、むしろ問題なのは、個人一人ひとりのしたいこと、やりたいことが見つからない、どうしたらいいかわからないという現状ではないでしょうか。

自分の希望進路をどう選び、どのような仕事についていったらいいのかと迷う不安、学校は出たけれど、現在の生活や仕事などで何となく感じている不満、退職後のありあまる時間の中での漠然とした混迷、こうした状況こそ、わたしたちにとって乗り越えなければならない最大の課題だといえるでしょう。

少なくとも、人がしあわせになるためには、これら目の前の課題を乗り越えるために何かを考えなければならないわけです。

あなたが本当にしたいこと、やりたいことは何か。

それは現在の生活や仕事の中でどのように実現されているか。

このような具体的なテーマをもとに、あなたの生きる目的はどのように達成されるのでしょうか。

この本の中で主張している「自分のテーマ」とは、自分自身の生きる目的をことば化したもののことです。自分のしたいこと、やりたいことを、対話によってテーマ化し、それを、自分の発見として描き出すこと。これが対話という活動の目的であるといってもいいでしょう。

†生きる目的が見出せない理由

この生きる目的としてのテーマを見出せない理由として、大きく考えると、経済と教育の二点を挙げることができると思います。

経済の発展は、物質的な豊かさをこの社会にもたらしました。そのこと自体は決して悪いことではないのです。しかし、経済的安定はもたらされたけれども、その経済発展の目的化のために、わたしたちは自分のしたいこと。やりたいこと、つまり生きる目的の根源を自ら抑え込んでしまったように思います。

たとえば、「自分の好きなことだけをしていたらいい会社に入れない」とか、「仕事と趣味は切り離して考えないとダメだ」といった職業観が広まり、いつのまにか、わたしたちは自分の本当にしたいことを見失ってしまったのです。

最近、近所の知り合いから、地域の公立学校に通う娘さんの進学希望についての話を聞きました。その娘さんが「文学部に行きたい」というと、「親御さんは、反対されていませんか?」と担任の先生。「お父さんやお母さんは、いいって言ってるの?」と友人たち。「文学部なんか出て、就職はどうするの?」と、当の高校生たちもきわめて「現実的」だそうです。

成績のよい子はほとんどが理系、とくに医学部をめざすそうです。文系で偏差値の高い子は、法学部か経済学部というのが常識だそうで、国際政治や総合政策のような学部も一定の人気があるとのこと。

このように、本当は○○がしたいけれど、社会で生きていくためには○○を優先させてはだめだというような倫理観に取り囲まれ、いつのころからか、それを一つの処世術として身につけることが「賢い」生き方であるかのように思い込まされているようです。

そして、社会の制度もまたそれにあわせて変容しています。稼げない、儲からない学部は縮小傾向で、そのやり玉にあがっているのが文学部と教育学部だそうです。「文学部」という名称では学生が集まらないと、学部名称を変更する動きが、全国的に広まっていると聞きます。仕事をすることは、おカネをもうけること、そのためにはつらいことも我慢しなければダメ。このような考え方が世の中を支配していて、人々はそこから抜け出すことがむずかしくなっています。

その結果、「今だけ、カネだけ、自分だけ」という経済エゴイズムがこの社会に蔓延しています。

†管理としての学校教育

もうひとつの学校教育とその制度の問題も、経済発展と関連しています。

たとえば、現在の日本の学校教育を例にとると、学校側が勝手に決めた校則によって児童・生徒はがんじがらめにされ、しかもそのことを父兄が歓迎し、子どもたちは、いつのまにかそうした慣習の中で生きることを良しとしてしまっています。だからこそ、ひとたび自由意志を持とうと思った子どもにはひどく息苦しい場となり、いじめや不登校につながっているといえます。それはもともと、学校の教師自身が、そうした個人の自由を抑え込む規制の中で自らを含めたコミュニティにおける人事権を失い、上司（この場合は、校長や教頭等の学校管理者）への逐次の報告に追われるため、しだいに自己発信の力を失い、同時に他者のことばに耳を傾けなくなっているからです。そうした教師たちを抑え込む枠組みが、教育委員会等の地方自治体の教育行政によってすでに学校を取り囲んでいるからに他なりません。

さらに、検定教科書の「基礎的な学力」という考え方そのものにも、個人の自由と尊厳を脅かす、大変な権力が行使されています。なぜなら、基礎とは、どこかのだれかによって決められた事柄ではなく、さまざまな試行錯誤の末に、その人が自分の学習を振り返ったときにはじめて現れるものだからです。つまり基礎として画一的に共通事項を与えることは、個人の学習の自由の侵害に他ならないのです。このように、徹底的に個人の自由がコントロールされた状態では、他者への共感も生まれようがありません。

†「考えない」個人の成立

このような管理制度の中では、ちょうど工場労働のような徹底した競争原理が働いています。一つの正解をめざした一点差刻みの序列化が行われ、この競争に勝ったものは「勝ち組」、負けたものは「負け組」として差別化されます。「勝ち組」は、正解のある世界でしか生きられなくなり、「負け組」は、自己肯定感を失って社会からドロップアウトします。

なによりも恐ろしいことは、このような社会システムが「考えない」個人をつくりあげているということです。国家やその他の上からの命令に盲目的にしたがうことが当たり前になってしまい、「考えること」をせず、いつのまにか思考停止に陥ってしまう状況をわたしたちはすでにナチズムによって経験しています。

そして、この制度は、確実に個人の精神の自由を拘束するようになっていきます。たとえば、子どもたちは、自分のしたいことにフタをされれば、その結果として、当然のように、「考えなく」なります。「考えない」個人は、必ずや目先の無難な方向だけにしか関心を持たないようになり、まさしく思考停止に陥るのです。さきに挙げた「今だけ、カネだけ、自分だけ」のエゴイズムだけが見事に醸成されることになるでしょう。

このような傾向が、この社会のあり方として、いわば常識化してしまってはいないでしょうか。

これを日本社会だけの現象ととらえるのは早計でしょう。おそらく世界中が、いわゆる近代化が進むことによって、唯物論的考え方とともに、しだいにそうした傾向を帯びてきたことは否めません。とくに、今世紀に入って、経済を第一とする新自由主義の台頭とともに、この傾向は世界中で強まってきました。

今、わたしたちが、「考える」とはどのようなことなのでしょうか。

決められたことを決められたように実行する個人をつくる、工場生産のような教育は、もはや終わりでしょう。思考停止に陥らず、自分のことばで自分を表現する社会をつくるにはどうしたらいいのでしょうか。

†「考えること」と教育との関係

さきほど学校教育の管理化について述べましたが、学校というものの存在について、基本的に次のようにわたしは考えています。

・子どもは家族の中に生まれ、学校を含む地域社会の中で育つ。
・「学校」は、家族を含む地域コミュニティの一つとして機能すべき。
・その「学校」は、地域コミュニティの一つとして、常に総合的な観点から、子どもがどのような人間としてあるべきかを考える場として機能すべき。したがって、知識を与える／与えられることを目的化すべきではない。

このように、地域コミュニティの一つのあり方として「学校」を考えるとしたら、その教育は次のようであるべきでしょう。

・他者を管理せず、他者から管理されない自由を尊重すること。
・すべての解決に自己と他者の対話を尊重すること。
・自己と他者の存するコミュニティのあり方について責任を持つこと。

これは、基本理念に基づく活動への考え方ですが、これだけでは、やや抽象的に過ぎるので、もう少し「学校」の活動について考えてみると、およそつぎのようになります。

・活動は、子ども一人ひとりの個別の興味・関心を起点として、それぞれの好奇心を引き出し、知的関心・芸術的感性・身体的感覚を活性化する活動であること。
・一つの正解を求める活動ではなく、答えのあるなしを含めてコミュニティとして参加者全員が考える活動であること。ここでは、「最低の知識が必要」という常識に対して毅然として批判的であること。
・年齢、性別、国籍などをはじめ、障害その他のさまざまな差別・区別を可能な限り廃するインクルーシブ（統合・包括的）な活動であること。
・何かに達成、到達するための練習やトレーニングということではなく、常に、「経験」とその「発見」の場であること。
・テスト、試験、訓練といった人間の序列化にかかわる行為に対し、常に批判的であること。
・学校教育の教科の枠外に置かれている総合的な学習の時間をむしろ中心に活用し、さまざまなプロジェクト活動を組織して、シティズンシップ教育等を、すべての教科に横断的にかかわらせること。

†「学校は一つでなくていい」という方向性

以上の学校という近代の産物を批判的視点から見ると、「学校は一つでなくていい」という方向性によって、これからの学校教育のあり方を大きく変えていく予感があります。システムとしての巨大な学校制度の中で、身動きできなくなってドロップアウトしてしまうのではなく、自分の生きるべき方向にあった場所を自分で選べるような、さまざまな選択肢を制度的に増やすことで、この社会そのものが大きく変わることでしょう。同時に、フリーとかオルタナティブという位置づけそのものが崩れ、多様性の中で個人が自分の生き方を選ぶ責任の重さをわたしたちは自分の問題として引き受けることになるでしょう。

一方で、そうした現行の学校の制度と体質は、上からの押し付けだけで出来上がったものなのでしょうか。制度が人をつくり、人が制度をつくるように、それらは一体となって、現行の頑なさに結びついているような気もします。

もちろん、これだけでは、制度そのものを変える力とはなりにくいのです。実際の学校を変えるには、途方もない時間と計画が必要でしょう。しかし、この「学校」多様化論は理想ではなく、きわめて現実的な理念としてあります。

このような教育によって、子どもたちは、自分のしたいこと、やりたいことを自らの生活の中に見出し、どう生きるのかを考えるようになるでしょう。子どもたちにとって、「生きる目的」を自ら定めることができるような教育こそ、これからの未来のためになくてはならないことだと思うのです。

†「考えること」と自由との関係

自分のしたいことを発見した個人は、その発見を足がかりとして、自分が生きるための目的へと歩き出します。

自らの生きる目的が明確であれば、外側からの、さまざまな束縛のイメージから自由になることができるからです。自分のしたいことがわからないという個人の場合、その多くは、自分の外側の、さまざまな束縛を感じ、そのために自分が動けないと感じている場合がしばしばです。

それらは、自分の中のイメージでつくられているものであるにもかかわらず、いつの間にか外側のせいであるかのように問題をすりかえて「何もできない」と思い込んでいる場合です。なぜそのような自分の中のイメージがつくられたのかということをもう一度問い直してみませんか。

自由になるということは、そうした自分の中のイメージから自由になること、すなわち自己のイメージを更新しつづけるところから始まります。このことが、自分のしたいことの発見、生きる目的の探究と連動しているのです。これが「考える」という行為の主体になるということです。

†自由と自律

この「考える」という行為によって、人は自分自身を縛っているイメージから自由になれるわけですが、そのことは同時に、自律的な個人になるということでもあるでしょう。自律的な個人、つまり、個人の自律とは、自分のしたいことを持ち、それを生きる目的として何ができるかを自ら考える個人だということになります。

自分のしたいことを知るということは、必ずや個人の自律につながります。したがって、自分のしたいことを求めて、社会の中で活動すること、このプロセスが自律だということができます。ここでも、経済的自立と精神的自律の問題が現れますが、どんなに経済的な自立を果たしても、精神的に自律していなければ、真の意味で自由にはなれないということでしょう。

ここで一つ注意しなければならないのは、自律とエゴの関係です。

自分のやりたいことを発見し、その目的に向かって歩むことは、決して他者を排除するということではありません。

むしろ他者とともに一緒に生きること、それ自体が必要であることはいうまでもないのです。この他者と自分との関係については、「他者の声を聴く」こととしてくわしく述べました（一二二ページ参照）。

エピソード10 きみは何を考えているの？——帰国生との対話

その青年は、父親がアメリカ人、母親が日本人で、ずっとアメリカに暮らし、日本にいたときは、インターナショナル・スクールに通っていたという一九歳の男子学生でした。

日本語クラスの前期試験をボイコットしたということで、後期の授業履修をどうしたらいいかという相談にたまたま日本語センターの責任者の職にあったわたしのところを訪ねて来たのでした。

アメリカンフットボールをやっていたということで、丸刈りの坊主頭の大男で、三歳上の姉は、日本にすぐ慣れて、日本的なものが好きだが、自分はどうしても、日本が好きになれないといっていました。日本語では漢字が嫌いで、書きたくない、でも、もし漢字が書けるようになったら、もっと日本のことがわかるようになるかもしれないとも言っていました。

自分はアメリカ人になりたいが、日本人の血も流れているので、アメリカ人にはなれない、そうかといって日本人にもなれない、結局、何になればいいんだろう、と最近わからなくなる。これは彼が対話の活動のプロセスで明らかにした自己分析です。思考が粗雑でいいかげん、我慢強さに欠ける、自分にしか関心のない、というのが、前期テストをボイコットされた教員のコメントでした。

私「きみは何を考えているの?」
彼「俺はアメリカ人、それとも日本人?」
「自分が何者であるかという問いだね」

「俺は日本人かアメリカ人かってずっと迷ってきた気がする」

「たとえば、どんなとき?」

「姉は、結構日本が好きで親戚とか集まると、すぐ着物とか着てたけど、俺はそういう気分にはなれない」

「日本人の何が大変?」

「いろんな決まりがある気がして……」

「ああ、そうすると、アメリカ人のほうが楽ということ?」

「いや、そういうわけでもないけど、何か自分がアメリカ人と日本人の間にいるようで、気持ちが悪い」

「じゃ、どちらでもいい、ということかな?」

「いや、それは。やっぱりどっちかの方がいいかな」

「アメリカ人でもなく日本人でもないとしたら?」

「え?」

「自分のことは自分で決めていいんじゃないかな」

「え、たとえば?」

「自分が何者であるかは、自分で決められるということだよ」

「そうかな……」
「というか、自分が何者であるかは自分で決めなければならないんじゃないかな、たとえば、一人の人間とか」
「えー、じゃ、宇宙人みたいだ」
「それもありだと思う」
「俺は宇宙人か」

彼は、家族との強いきずなを感じているようでした。いくつかの対話のほとんどは家族とのもので、その中で、改めて家族とのつながりを意識するものが多かったと言えます。海外で暮らしたり、日本に来たり、そういう移動の陰で、家族がいつも支えあって生きてきたということがよくわかるシーンが対話の各所に散見しています。

たしかに、彼は、一見、「自分にしか関心のない生徒」のように見えるのですが、決して他者に興味がないわけではないことが話をしていてよく伝わってきました。自分のことにしか興味を示さず、自己の世界に閉じこもりがちに見えるのは、彼・彼女自身が他者に対しなかなか「私」を開くことができないからだということも少しずつ見えてきました。

そういう彼にとって、一方向的で強制的な学習活動は、苦痛以外の何物でもないだろうと思います。苦しいからそこから逃げようとする。もしそこに自分の話を聞いてくれる人がいて、さらに内容的に興味のあること、彼が全身全霊で打ち込めるような環境が用意されるなら、状況は変わってくるでしょう。ことばを身につけようとすることはすなわち他者との関係づくりの活動でもあるということをわたし自身、この青年との対話を通して理解したのです。

「**きみは何を考えているの?**」

すべてはこの問いから始まりました。帰国生の彼との対話の経験は、わたしにこのことを教えてくれたのです。

2 個人が主体として生きる意味

◎あなたのテーマと社会的行為主体とはどのような関係にありますか。
◎固有のテーマを持つことと社会参加の関係についてあなたはどう思いますか。
◎あなたにとって社会の中で主体となって生きるとはどのような意味を持ちますか。

†社会的行為主体の意味

自律した、自由な個人は、社会の中で自ら主体として生きることになります。このような個人を、少しかたい言い方をすると、社会的行為主体（social agent）と呼びます。ジェンダー論で知られるアメリカの哲学者ジュディス・バトラー（一九五六―）は、このagency（行為主体性）について、これまでは、社会に適応する主体という概念だったが、これからは社会を変革する主体という意味に移りつつあるという解釈を示しています。

そうだとすると、社会的行為主体とは、自分のしたいことを持ち、その生きる目的のために社会の中で自ら活動する人をさすことになります。また、その生きる目的は、テーマというかたちで現れてくるはずです。

そう考えれば、また社会的行為主体とは、自らのテーマを持ち、そのテーマの実現のために社会とのかかわりを考える人ということになるでしょう。

このように考えることによって、一人ひとりが自らの生についてよく考えること、つまり「なぜ」を持って「生きる目的」について考えることが、その人のテーマを生み出す原動力になるということがわかります。固有のテーマを持つことによって、人が真に自由になることができるならば、わたしたち一人ひとりが主体となって行動する社会への変革が可能だということです。

†対話とことばの生活

社会的行為主体であるためにはテーマが必要で、しかもそのテーマがことばによって形成されるということは、わたしたちの生活の中で、自分の考えをどのようにしてことば化していくかということでもあります。

しかし、自分の考えていることをうまくことばにできないということは、わたしたちの日常で、だれにでもしばしば起こることです。

むしろ自分の考えをすらすらと何の苦労もなくことばにできる人など、この世には存在しないというほうが適切でしょう。

この、いわば思考と表現の困難は、対話の活動によって人が生きるためのひとつの課題であると位置づけることも可能です。

そのときに、ことばの上達や達成などの効率的な面だけをよしとするのではなく、ことばの活動がうまくいかないことの意味を考えること、すなわちことばの生活の陰の価値をも認めていく姿勢が必要ではないでしょうか。

つまり、ことばの活動の円滑さや効率性だけを目的化して、そのことだけをよしとしてしまうようなあり方から、「ことばによってすべては伝わらない、だからこそ、円滑さや効率性を求めるのではなく、いろいろなことばをさまざまに尽くして、相手とのやりとりをすすめ、相手との相互理解の場をつくっていく」というあり方に変えていくこと、このことが重要になります。

このようなことばの活動を通しての振り返りが、むしろ人生の転換点になることもあります。ことばの活動とは、自分自身による自己の表現のための活動であり、同時にありたい自分を実現するということだからです。

ことばによる生活について考える場合、ことばの知識・運用の観点からだけでは、その全体をとらえることはできません。そこで、言語だけでなく、個人の「心」「エネルギー」あるいは「人間関係」というような視点も重要になるでしょう。さらに、社会環境（家庭・職場・地域など）を含めた全体総合的な視点から、わたしたちの生活とことばとの関係を考えていくことが不可欠です。そして、それはやがて自然環境（人間を取り囲む自然・地球・宇宙など）と人間との関係を考えるきっかけにもなりそうです。

✝新しい対話の方向性へ

新しい対話の方向性として具体的にめざされることは、中身としてのテーマの固有性（オリジナリティ）と論理の共有性であり、それを支えるインターアクションへの自覚です。

それぞれの異なる価値観や考え方が、対話活動を通して明らかになるとともに、それぞれが持つイメージの差異を認識し、それを他者に向けて発信するという試みです。

以上の考え方をより具体的に示したものが、次のような図（一九六ページ）です。

この図では、対象としての「情報」を取り込んで、それに対しての自分の「考えている

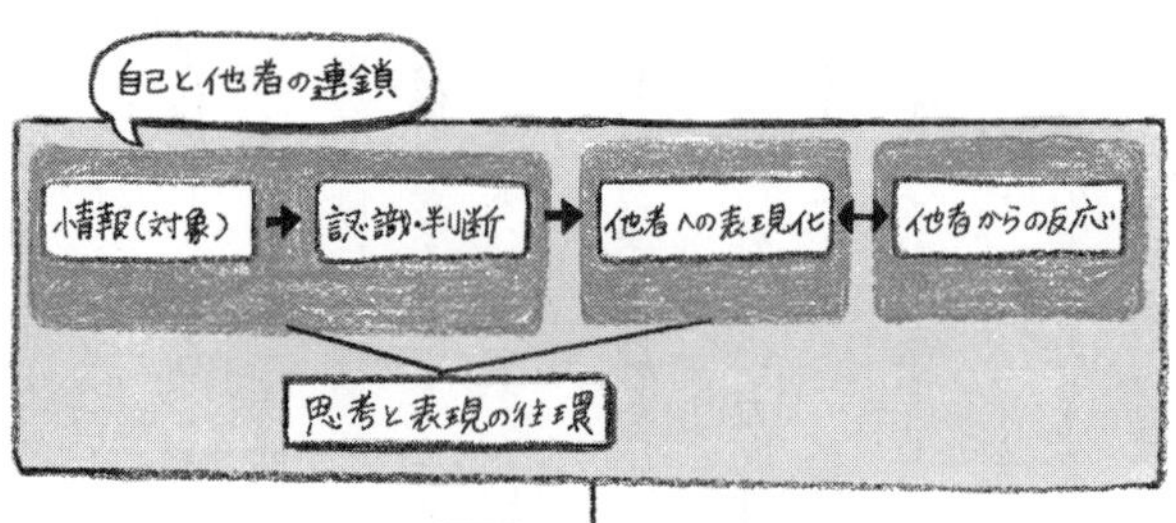

こと」の把握が始まり、その「把握したもの」をどのようにして相手に伝達するかというプロセスがあります。このあたりが自分の中の思考と表現の往還に当たります。

さらに、それに対する相手からの反応の確認があってはじめて、対話が成立するという相互関係が示されています。これが自己と他者の連鎖です。

ここで、わたしたちが言語を用いて、他者とやりとりし、その複数の他者とともに何らかの社会を形成していくことが不可欠であるとするならば、対話はその根幹思想としての理念と方法論を持たなければならないでしょう。その思想とは、まさに他者とともに生きるという共生の思想であり、社会形成の思想でもあるはずです。これを個と社会の循環と考えてみましょう。

†自己と他者の納得による社会形成へ

この理解と表現の図式をさらに具体化したものとして次のような段階が記述されます。

1　対象へのさまざまな興味・関心を思いとして言語表現化する
（他者に伝える——一次テーマ）

2　他者との協働において、その対象への興味・関心の奥にあるテーマを発見する
（二次テーマ）

3　そのテーマが、自分の過去・現在・未来をどのように結んでいるかを考える

4　自分が生涯にわたって取り組んでいくべきテーマとして発見する

5　このことにより、「この社会において自分はどのような個人であるのか」、また「他者とどのようにかかわり、どのような社会を形成していくか」を意識化する

以上のように、ことばによる活動は、「私」とテーマとの関係に向き合うことからすべては始まると考えることができます。

ここでは、まず自分の興味・関心に基づくテーマを手がかりに、自分に内在する価値観について認識・自覚します。それとともに、その価値観について根拠を求めるための検証

を行います。この時点で、自己認識と自己検証が起こります。

次に、このことを他者に対して提示します。その際には、これを他者に提示する意味についてよく考えます。自分の考えを他者にぶつけることは、さまざまなコンフリクト（衝突・葛藤）が生じる可能性もありますが、同時に、そのプロセスの中で、自分についての新しい発見に出会うこともあり、また他者についての解釈もさまざまに変容します。

自分だけの問題ならば、他者に提示する必要はありません。なぜそのテーマを他者に提示するのかを考えることによって、自分の中のテーマの他者との差異と共通性について考えることになります。

†一人ひとりのオリジナリティを求めて

ここでは、自分の興味関心に即したテーマを選択するために、自分と向き合わざるを得なくなります。さらに、他者からの賛同や共感あるいは否定や反発といったリアクションを経験することで、他者と自己の関係を見出します。

そのことで、自分にとっての他者の存在の意味を知り、そうした他者と共存・共生するためには、他者との合意を社会としての合意として形成しなければならないことを学びます。それが自分たちで形成する社会とは何かという問題について考えることにつながっていくはずです。

個人一人ひとりのオリジナリティは、その人自身のテーマ／主題／動機の中に潜んでいます。それは「社会・文化とは何か」という問いであり、「アイデンティティとは何か」という問いでもあります。その問いは、最終的には「人間とは何か」という対話のめざす地点にも届くものでしょう。それはいうまでもなく、哲学をはじめとする、さまざまな諸科学が今までめざしてきたことでもあります。対話の活動がそのための基本的な場に位置することをわたしたちは自覚しなければなりません。そして、このような世界認識を共通の課題として持つことが今、喫緊の課題なのではないでしょうか。

そのような対話では、個人一人ひとりの認識や判断が優先的に尊重されるにちがいありません。それは、社会的行為主体としてのあなた自身のアイデンティティの確立と更新にもつながるはずです。そのためには、それぞれの対話活動の場の設計理念と、活動の実施との関係という課題が残されています。「何を」「どのように」「なぜ」という活動の大きな枠組みの推移の中での、それぞれの立場の相互の対話と議論の必要性が問われるからです。

†テーマ発見のヒント

繰り返しますが、対話とは、簡単に言えば、自分のテーマを発見することから始まります。自分の好きなこと、したいこと、やりたいことを見つけることといってもいいでしょう。このテーマが見つかれば、それに向けてわたしたちは対話という活動のエンジンをかけられるわけです。

このように、テーマの発見には、何かに出会ったことがきっかけになって自分の中にさまざまな思いつきが生まれます。このような自分の思いつきをだれかに話してみる意味があります。個人的なおしゃべりの場合もありますし、人の集まるところなどの少しまとまった場でのこともあります。

こうした他者への働きかけから、今度は、他者からのコメントがもらえます。直接、働きかけた相手からではなくとも、その思いつきに対して、さまざまなコメントが得られるならば、それでいいわけです。

そうすると、そこで、自分自身への内省が起こります。これが振り返りです。この振り返りによって、新たな考えが起こったり、思いつきへの確信が生まれたり、あるいは次のステップへのアイデアが浮かびます。

このような自分と他者との対話の循環が、テーマの発見につながるのです。この図は、このような思いつきから振り返りへの循環を表したものです。

このように考えると、対話活動において最もむずかしいのは、「テーマを発見する」ことそのものであることにも気づきます。なぜなら、テーマというものが、はじめから自分の中にあると思い込んでしまうと、自分を掘り下げることばかりに集中して、他者との関係性が見えなくなってしまうからです。

†自分にとってかけがえのないテーマを描く

テーマの発見は、「それぞれのテーマが自分の外側に転がっているのではなく、自分にとってかけがえのないものとして、自分の中にあるはず」というところから始まります。

しかし、それは、自分がはじめから気づいているわけではないため、過去・現在・未来の自分を結ぶものを探すという体験から実感することになります。

自分の「考えていること」をことばで表現するという行為は、日々の生活や仕事など、日常的に必要とされる行為ですから、さまざまな活動の推移は、そのまま対話活動のデザインに結びつきます。

そのとき、そのときにおいて、わたしたちは、自分自身にとってかけがえのないものとしてのテーマというものを描こうとしているのです。それが核にならなければ、対話は機能しません。その結果として、自分のアイデンティティ生成に立ち会うような経験をわたしたちはするのです。これこそ対話の喜びと言えるでしょう。

このように考えると、対話とは、社会的行為主体としての生きるテーマの発見と意識化から始まるということができるでしょう

このテーマの発見と意識化を、どうやって促していくかという、自分自身による環境の組織化が不可欠だろうとわたしは考えます。これこそが、自分自身のための対話活動といえると思いますし、それは同時に、「この私」と社会を結ぶ活動へとつながっていくと思うのです。

そのときに重要なのは、対話という行為を通して、他者および社会・コミュニティとのつながりをどうやって自分が実感するか、ということだと思うのです。

したがって、自分の過去・現在・未来を結ぶテーマについて考えるということは、これからの自分の職業や仕事、そして日々の生活のすべてについて考えることにつながるのです。

ですから、どんな生活をしても、どんな職業についても、「それが自分にとってどんな意味があるのか」を考えるのです。自分のことばの生活、そのことばによる生活の充実とその意味を、自分の過去・現在・未来を結ぶテーマとして考えていく。それをことばの活動として自分の中に取り込んでいくということが、個人の対話活動のデザインとして大切であると思っています。そして、このことは、ことばを使うものすべてに共通の基本的な事柄であると考えられるのです。

今、必要なのは、この混迷する社会の中で、価値観の異なる多様な他者との関係において、ことばによって自己を表現するとともに、その他者を理解し、ともに住みよい社会をつくっていくこととそのための意識改革でしょう。それは、わたしたち一人ひとりが共同体としての社会とかかわりをもつにはどうしたらいいかという課題でもあるのです。

このことは、わたしたち一人ひとりが、一個の社会的行為主体として、それぞれの社会をどのように構成できるのか、つまり社会における市民としてどのようなことばの活動を展開するのかという課題と向き合うことなのです。

エピソード11　一人でいることと私――千葉くんの反抗と対話

埼玉県の早稲田大学本庄高等学院という付属高校で、対話の活動をしたことがあります。一四名ほどの高校生の参加者と一緒に、みんなでディスカッションをし、自分のテーマを立てて、それをもとに対話の相手を探し、その報告を文章化するという活動です。

この活動で印象的だったのは、なかでも、千葉くん（仮名）の存在でした。

千葉くんは、活動の最初の日のことを後に振り返って、「自分にとっては正直、これはいけないものを選択してしまった、という感想」をもったと記しています。

活動に入った動機は、自分は書くことが嫌いだから、この活動に入って、もしかすると書くことが好きになるかもしれない、というものだったようです。ところが、入ってみたら一四人しかいないし、なんだかたくさん書かされそうなので嫌だと言って、二回目は来ませんでした。そして、三回目には出てきましたが、相変わらず嫌だ嫌だと言って逃げ回っている始末です。

テーマを決めてほしいといったのですが、最後まで決まらず、結局、対話の直前になって、「一人でいることと私」というタイトルが出てきました。

そのテーマについて彼自身、次のように書いています（引用は、彼の最終レポートより、以下同）。

> ぼくは一人でいることが好きだ。いつごろからそういうふうになったのかよくわからないが、たぶん中学生になったくらいのときではないかと思う。……なぜ一人でいることが好きなのかといわれると、自分でもよくわからないのだが、おそらく自分の世界に入り込んで空想できるからだと思う。……今は、自分一人の時間がもてるから一人でいることが好きなのだと感じている。

活動の中で、千葉くんは、同じ学校の写真部の小野くんと対話することになりました。

その理由は、次の通りです。

「対話」の相手は、できれば年上の人がいいというアドバイスもあったけれど、母や姉には恥ずかしくてこんなことは話せない。結局同じ写真部の小野に決めた。彼は、部活動の中で、ときどき意見の食い違うこともあるけれど、けっこう話の合うところもあるおもしろいやつだからだ。だから、今回のことについて彼がどう思うかに興味があった。

以下、千葉くんのレポートの対話部分の抜粋。

ぼくのテーマは、「一人でいること」である。仮説は、「私にとって一人でいることは、自分を成長させるもの」だ。この仮説を小野くんに投げかけてみた。

千葉　この仮説についてどう思う。
小野　「私にとって一人でいることは、自分を成長させるもの」か。
千葉　うん。
小野　あんまりそんなこと考えたことないな。

あっさり小野くんに言われてちょっと焦ったが、すぐ切り返した。

千葉　じゃ、小野にとって「一人でいること」ってなんだと思う？
小野　そんなこと考えたことないよ。

またやられた感じだったが、これで終わったら報告ができなくなると思って、ちょっと質問の方向を変えてみた。

千葉　じゃ、ふだん一人でいようとするか、それともしないか。
小野　する。友達といると疲れる。まあ、なかなかそうとは言えないけどな。
千葉　どうして友達といると疲れるの？
小野　違う考えをもっている人といると、ウザくなってくる。
千葉　ぼくは一人でいるときいろいろ考えているんだけど、きみはどうなの。
小野　考えてるよ。将来、何かおもしろいことやりたいな、っていつも思ってる。
千葉　ふだん、家では何やってる？
小野　音楽かけて、絵を書いたり、考えごとしたり。兄貴と一緒にいることがけっこうある。でも、一人でいるのも好きだよ。とにかく、おれは自分のスタイルをもちたいんだよ。自分のスタイルってのは一人でいるときにこそ生まれるもので、集団でいるとそのスタイルがなくなって流されると思うんだよ。もちろん、おれ一人じゃ生きられないけどね。

・・・・

一人でいることは孤独だというネガティブなイメージがつきまとっていたけれど、今回小野と語り合うことで、そのイメージを完全に払拭することができた。それはぼくにとって、新しい発見だった。

・・・・

ここまで考えて、気づいたことがあった。ぼくは、一人でいることのポジティブな面を強調しようとしたが、自分以外の人間がいるからこそ、一人を楽しめるのだ。一人でいる時間も大切だけど、友達と一緒にいる時間も大切だと考えればいいんだ。「一人でいる」っていうのは他の人と過ごすための自分を生み出す、かけがえのない時間であると考えればいい。大切なことは、一人の時間をどれだけもち、またどう過ごすか、だ。

こんなふうに考えたとき、やっと原稿用紙に向かう気になった。

最初は休みがちだったし、来てもほとんど発言をしなかった千葉くんでしたが、この活動をやっているうちにシリアスな意見も言うようになり、他の人が言ってくれると自分も言える、自分が言うと相手も言ってくれる、こういう循環を自分で自覚できるようになったようでした。

一人でいることは孤独だというネガティブなイメージがあって、その一般的な考えにぼくも浸食されていた。しかし考えてみれば、小野が一人でいるときに、将来のことを考えていたように、ぼくも一人でいる間に、一九七〇年代のロックを聴いたり、自分の部屋を自分流にデザインしたりしながら、いろいろなことを考えてきた。一人でいることがぼくの自己形成に影響を及ぼしていたことはまちがいない。

今回小野と話したことで、一人でいることのネガティブなイメージを完全に払拭することができた。そして同時に「他者がいて、自分がいる」からこそ一人を楽しめるのだということにも気づいた。本当に一人だったら寂しい。だから、ぼくにとって一人の時間は、周りのみんなと一緒にいる時間のすばらしさに気づかせてくれる時間であり、同時に自分の価値観をつくり出すかけがえない時間なのだ。

最後に、彼は、次のようにつぶやいています。

ぼくにとってこの活動は本当につらかった。活動の最中にいろいろと葛藤があったし、考えれば考えるほどつらくなって、考えるのをいつも途中でやめていた。でもこうして最後まで書いてみて、そんな自分の甘さにも気づいた。でも、とにかく書きあげられたのは、なかなか自分の考えをまとめられなかったぼくを温かい目で見てくれた先生とグループのみんなのおかげである。

千葉くんの参加した活動については、牲川波都季・細川英雄『わたしを語ることばを求めて——表現することへの希望』（三省堂）にくわしく描かれています。拙著『研究活動デザイン』（東京図書）でも紹介しています。

3　対話することばの市民へ

◎あなたにとって、他者とともに生きる社会とはどのような社会ですか。
◎自律と共生という二つの概念はどうしたら一つになるでしょうか。
◎あなたは、どのような対話の生活をデザインしたいと考えますか。

†他者とともに生きる社会とは何か

わたしたちが、社会に属しつつ、社会に埋没せずに、一人の「個」として他者とともに生きるにはどのようにしたらいいのでしょうか。

他者と相互共存する社会を生み出すためには、個の自律と自由が求められることはこれまで述べてきたとおりです。

この自律と自由を確立した個人が、いわば「市民」ではないかとわたしは考えています。

すなわち、この自律と自由そして他者との共生を志向し、社会のあり方を考える個人の意識、これが市民としての意識、すなわち市民的態度であり、前述の社会的行為主体のあり方でもあります。

このような市民およびその意識を形成する上で、対話には何ができるのか、対話はどうあるべきなのかを考えること。ここから対話の活動が始まるのです。

†市民性形成とは何か

それでは、その市民になるということ、すなわち個人の市民性（シティズンシップ）の形成とは何でしょうか。

市民性形成についての議論では、伝統的には、公（一般性）・私（個別性）という二分法を前提にし、普遍的な「市民」であるためには私的・個別的な利害や勘定を乗り越えなければならないといわれてきました。しかし、このような普遍的市民性のとらえ方は、一人ひとりの個別性や差異、あるいは個人の多元性・多様性を否定することになります。「普遍性」という軸でシティズンシップを論ずることは、その内実を見ないことになってしまうからです。

同時に、集団への帰属を中心に考えるアイデンティティは、人々へのレッテル貼りやステレオタイプ化へとつながり、生きた個人の顔や生活が見えなくなってしまいます。

つまり、「自分とは何者か」と問うアイデンティティ概念は、その帰属が生まれながらの帰属であれ、自身の選択による帰属であれ、「自分」という存在に具体的な内実を与え、自身の政治的・文化的・社会的帰属意識を自覚させるものであるといえるでしょう。

†自律と共生としての市民

市民とは何かという問いは、同時に個人としての自分とは何かという問いでもあります。この「自分とは何か」という問いは、そのまま社会とは何か、この私は社会において何ができるのかという問いにつながります。その社会とは何か、この社会で自分の果たすべきことは何かと考えることが、すなわち、個人の自律であると考えることができます。このことについて、政治哲学者ハンナ・アレントの指摘するように、「もう一人の自分を自分の中に構築すること」による、自分との対話的思考が必要でしょう。

自律した個人であるということは、さまざまな価値の対立の中で、その意味を問い、深く考えるということです。

この社会において、その個人が、自分以外の他者とともに対話によって生きること、すなわち共生の思想が不可欠です。したがって、この自律と共生の二つの要素を個人として持つことが市民として重要な課題となります。

前掲のアレントは、近代の管理社会において、対等な複数の人々の間で、ことばによって失われた自由を回復することが必要である、すなわち、自由とは本来の自己を表現することであると説きました。個人一人ひとりが独自のユニークな存在であると同時に、個別的で異質な存在でありながら、なおかつ他者とともに共通世界をつくりだしていく、という公的営みとしての「アゴーンの政治」を構想したのもアレントです。

異質なもの同士が共存するためには、何らかの対立・抗争（アゴーン）が避けられません。アゴーンの存在そのものは必然的なものであるからこそ、このアゴーンを許容できる世界こそ、多様性を包摂する多元主義的な世界だといえます。

重要なのは、このアゴーンが、暴力による対立・抗争ではなく、ことばによって、対話を通じて繰り広げられることでしょう。ここに、市民性とその形成の意味があると考えられます。ここでの「ことばによって」という部分が、ことばの生活と大きくかかわりを持つ部分であるとともに、人が市民性を持つということは、ことばによって市民となるということ、すなわち「ことばの市民」になることでもあります。

†生きる目的からことばの市民へ

人が他者とともに社会において生活するということは当然のことであり、どんなかたちにせよ、社会そのものを拒否して生きることは困難でしょう。したがって、社会を自分と無関係な存在として無視することも不可能です。ただ、日常生活では、そうしたことにほとんど無自覚に過ごしているため、いざ社会と自分の関係を問われると、よくわからないというのが実情なのではないでしょうか。

ここで大切なことは、それぞれの社会の一員として、主体として他者とかかわりつつ、日常生活の中で、ことばの活動について自覚的になるということでしょう。

この社会の構成メンバーであることを自覚するとき、そのための新しい対話環境が必要になります。この対話環境の中で、人が社会的行為主体として自らの言語生活を活性化させ充実させていくことと、個人一人ひとりの社会構築意識は、切り離すことのできない不可分の関係にあるのです。

それは、ともに生きる社会において、わたしたち一人ひとりが充実した社会的行為主体として、社会とかかわりをもつにはどうしたらいいのかという課題でもあります。この問いは、「最も尊重せねばならぬのは、生くることにあらず、よく生くることなり」というソクラテスの名言とも重なります。わたしたち一人ひとりが、ことばによる活動を軸に、他者を受け止め、テーマのある議論を展開できるような場（共同体）を形成すること。このことこそ、この社会において必要なことなのではないでしょうか。そして、このことは、わたしたち一人ひとりが、一個の社会的行為主体として、それぞれの社会において「よく生きる」という課題を担うことであり、同時に、その社会をどのように構成できるのかという、ことばの市民としての課題と向き合うことでもあります。

たとえば、個人一人ひとりが、自分の興味・関心から問題意識へという方向性を持ち、ことばによる活動を軸に、他者を受け止め、テーマのある議論を展開できるような場の形成を、対話活動として構想するとき、過去・現在・未来を結ぶものとしての自己のテーマ発見は、「私は○○人である」という帰属感ではなく、この社会において「私としてここにいる」という自らの居場所感を改めて認識させることになるでしょう。それぞれのアイデンティティを問いつつ、各々のテーマについてゆっくり静かに語れる環境が存在するとき、対話活動とその活性化が大切な意味を持つことになるにちがいないのです。この活動環境の中で人は「ことばの市民」としての責任を担うことになります。

†対話によってことばの市民になる

このように考えることによって、社会は一つではないということに気づくことができます。

一般に社会というと、「〜国・〜民族・〜語」といった枠組みを想定しがちですが、実際には、家族をはじめとして、地域の集まり、友好的な仲間たちとのサークル、その他、もろもろの無数のさまざまな社会や共同体（コミュニティ）に同時に属しているわけです。

そして、その都度、その都度の状況によって、何らかの優先順位をつけながら、わたしたちは行動しているわけですが、本来的に、それぞれの社会や共同体には優劣がないということです。

むしろ、わたしたちはそうした社会や共同体の枠組みをいつのまにか限定的にとらえ、その自分のイメージのなかに自らを位置づけているのです。

世間の評価を気にしたり、他人の目を過剰に意識したりする現象は、このイメージに閉じこめられた自己から発生するものです。

そのような意味では、実体としての社会の中に所属しているのではなく、自分自身の中に、社会や共同体のイメージをつくりあげ、そのイメージそのものが実体としての社会・共同体だと思い込む反転現象が起きていると考えることができます。

本来は、その社会自体が、ダイナミックに変容する動態だと考えることができるのです。自分と他者の対話によって、この社会そのもののイメージも変容し、つくりかえられていく関係性こそが、個人と社会をつなぐ鍵だということができるでしょう。

このように、社会を固定的な実体として見る考え方から自由になること、社会は流動的な認識であるという感覚を持つことによって、あなたは自らを閉じこめている現実からどれほど自由になることができるでしょうか。

†個人の生き方と対話のあり方

このことは、民族・国家・言語の境界を絶対視しないこととつながっています。たとえば、「日本人」「日本社会」という自明的な括り(くく)を疑うことがその第一歩です。そこでは、「制度が決めたから」「昔からそうなっているから」「みんながそうだから」という理由は成立しません。それは、自己思考による判断の放棄、つまり思考の停止を示すものだからです。そのことに気づいてはじめて、他者を管理せず、他者から管理されない自由を、対話という活動によって尊重すること、そして自己と他者の存するコミュニティのあり方について責任を持つという本来の市民社会が姿を現すのではないでしょうか。

深く考えて、決して寄りかからず、遠いまなざしを持ち、ゆるやかな連帯を築く、という生き方。つまり、自分の「生きる目的」に沿って、自らのテーマについて十分考えていく、それは決して人のせいにはしない、でも遠くを見よう、そして、そのことによって他者と、あるいはコミュニティの中でのゆるやかな連帯を結ぶことができる、このような生き方です。

このことが、個人の生活や仕事の充実と活性化にもつながるとわたしは考えています。

こういう生き方をめざす新しい活動、それをあえて対話と呼びたいのですが、このような認識は、個人と個人、個人と社会を結ぶ視点を支えるものであるでしょう。それぞれの効率的利の追求のあまり、個人のあり方がエゴイスティックなものに陥らないよう、社会的行為主体自身の人間性回復のために何ができるのか。

より広い意味での自己と他者、個人と社会を結ぶことの意味を考えること、これが、これからの自己・他者・社会を結ぶ対話のデザインとなるものだと思います。

ことばの市民になる
社会的行為主体として
生きる目的を持って
自分のテーマを発見
したいこと、やりたいことを見出す
興味・関心に気づく

✝ことばの生活から対話のデザインへ

以上の提案は、常に人が「よく生きるとは何か」という問いをわたしたちに投げかけてきます。よく生きるとは、人はなぜ生きるのかという問いと背中合わせです。

よく生きるということは、自分のことばによる活動を背景として、一人ひとりが社会の中でどのように自分の生活や仕事を展開するかと考えることでもあります。このことを考えるために不可欠なのは、わたしたち一人ひとりの対話のための環境設定・設計であり、同時に自らの人生という大きな枠組みの構想なのではないでしょうか。

ことばの生活の充実という観点から、それ

ぞれにとっての課題をまとめると、およそ右の図のようになるでしょう。

まず、ことばの活動の充実として自分の対話活動を位置づけることで、他者との相互理解への道筋をどうつくるかを考える必要があります。さまざまな合意をどのように形成していくかという課題です。それは妥協ということではなく、合意の創造性とでもいうべき問題だと思います。そのためには、その合意形成をできるだけ開放された環境のもとで行うことが重要でしょう。このときに、公的領域としての公共性という概念が参考になります（第1章参照）。

次に、価値観の意識化と、自らの活動の方向性への意思です。このことは、よく生きるとは何かという問いを持ちつづけることでもあります。

わたしたちにとって、さまざまな知識や方法の前に、それぞれの問題意識の明確化が不可欠だと思います。「なぜ私は生きるのか」という問いの重要性に気づく必要があります。つまり、自分にとってかけがえのないテーマに向かって活動を行うということが、どのような意味を持つのかということについてたえず向き合っていかなければならないと思います。

このような問題意識の確立にはことばの活動が不可欠であること、それはまた、知識や情報の自明性を疑うことの意味でもあります。言語活動は、ややもすると、マニュアル化を求め、表層的なスキルや技術の習得を目的としたものになりがちです。これを乗り越え、自らの知の形成に立ち会うために、わたしたちは、ことばによって考え、ことばによって表現し、ことばによって共感する主体とならなければならないからです。

制度化した言語システムに自分を近づけるのではなく、自らの発見を他者に伝え、それを他者と共有することによって立ち現れてくるものが、それぞれにとっての固有の対話デザインでしょう。

その一歩が興味・関心のあるテーマと自分との関係をことばによって語ること、それがすなわち、自分のことばで自らを表現することなのです。

一人ひとりの自由が保障されている社会は、他者の自由を侵害しない社会でもあります。自由であることで創造が生まれ、この創造こそが、社会の豊かさにつながります。

この豊かさは数値で測れません。便利であることは豊かさではないでしょう。とくに他者とともに生きる豊かさ、一人で考えても生まれない創造を生み出すためには、さまざまな仲間たちの知恵が集まる環境が必要です。

それぞれの対話のデザインによって、人は「私」を語りだし、それが自己と他者の連携と協働を促し、互いの関係世界を分け合うことになります。このことによって共生社会はやがて回復に向かうでしょう。

このとき、世界の平和への希望を今わたしたちは予感できると思います。

エピソード12 対話への道——わたしはいかにして対話にたどり着いたか

わたしが対話ということに関心を持つようになったのは三〇歳代の後半、大学の教員になって数年経っていました。

学部と大学院で言語学を学び、日本語の意味と文法等についていくつかの論文を書いていましたが、そのころまで対話という概念はわたしの中にほとんどありませんでした。

そのときは地方の国立大学で国語教員養成のための国語学の担当でしたが、一年間のフランスでの日本語教育の経験から本格的に日本語教育の世界で仕事をしたいと思うようになり、帰国後、他大学に転出して「日本語・日本事情」という専任ポストを得ました。

そこで出会ったのが、エピソード05で紹介したインドネシアからの留学生Iくんだったのです（九〇ページ参照）。

このころ、言語と文化の関係についてずっと心にかかっていました。外国人に日本語を教えるという立場にありながら、「文化とは何か」という問いがずっと解けずにいたからです。コミュニケーションと対話の関係も、このころ、よくわからずにいました。

ただ、ことばを教えるということは、ことばの構造や形式あるいは使い方を教えることではないと明確に考えはじめていました。だからこそ、ことばを使った活動が大切で、その活動のあり方を考えることがことばの教師の仕事だという信念を貫こうとしました。

その後、職場も東京の早稲田に変わってしばらくしてから、交換研究員として一年間、パリに滞在します。この一年が、おそらく生涯でもっとも知的刺激に満ちた時であったと、今にして思います。ちょうど欧州評議会による二〇〇一年公開の「ヨーロッパ言語共通参照枠(CEFR)」の試行版がインターネット上に掲載される前年の一九九五年のことで、複言語主義や相互文化活動、言語教育と市民性、仲介としての実践研究など、言語と教育に関する新しい概念をはじめて知ったのも、このときのパリで参加したジュヌヴィエーヴ・ザラトさんの研究会でした。ここで、「ことばと文化は個人の中にある」という「個の文化」の理論と「思考と表現の往還」という言語文化教育の研究サイクルを自分の中に確立することができたのです。

それは、わたしにとって、いわば自己との対話であったのですが、他者との対話について考えるようになるのは、そのあと二〇〇一年四月に開設された早稲田大学大学院日本語教育研究科とそこでの活動が大きな要因になっています。ここでは、修士・博士の学生諸君との熱い議論によって、「自己と他者の連鎖」とでもいうべき対話の可能性が生まれたのです。

さらに、それが「個と社会の循環」という、より大きなうねりとなってわたし自身の中で動き出したのは、二〇〇四年に出会った畏友マイケル・バイラムの「言語教育は政治である」という一言でした。二〇〇八年にその彼に招待されて、パリから二〇〇キロほど離れた田舎家で「言語教育は何のためにあるのか」という議論をしたことが、そのまま「人は何のためにことばによって活動するのか」という問いと重なりました。ここで生まれたのが、「ことばの市民」という概念です。

日本語教育の分野にいながら、ことばの構造や形式あるいは使い方に正解を求める、いわゆる語学教育に対して徹底的な反旗を翻し、「何のためのことばの教育か」という問いを立てつづける立場にわたしはいます。

この本を書くにあたり、対話は、生きる目的のためにあるという、大きな仮説を打ち出すことになりました。自分のしたいこと、やりたいことをテーマとし、人はどのように自由にかつ自律的に生きることができるのか。またそのような自律した個人としてさまざまな他者とともに生きるためには何が必要なのか。そして、そのように考えることで、わたしたちはどのような社会を構想することができるのだろうか。
　この答えが対話という活動であるというところにわたしはたどり着いたのです。

　ここでは、対話とは何かという議論を、日常の生活や仕事そしてその人の人生の中に見出す、新しい対話論を創出したいという思いが強くありました。本のジャンルからいうと、哲学なのか、コミュニケーション論なのか、教育論なのか、という質問が出そうです。たとえば、哲学だとすると、その研究や思想の深みに欠け、いろいろな概念も中途半端な議論で終わってしまっているという批判もあまんじて受けることになりそうです。その意味で、どこにもどれにも属さない領域横断的なものになりました。
　だからこそ、その対話行為をなす人自身の日常の活動に立ち会い、その人が自らの立場からそのデザインの方向を熟考するためのガイドになるという意味で、「対話をデザインする」というタイトルとしました。

文化とは？
文化

あとがき

八ヶ岳に暮らして二八年、ながく東京でことばの教育に携わりながらも、居住する地域社会のあり方にはほとんど関心を持つこともなく今まで過ごしてきた。

一昨年の春に、やはり地域と東京を往復する若い政治学者に出会った。自分のしたいことを実現するために八ヶ岳に来たという彼の、「政治にどんなに無関心でも、無関係ではいられない」ということばは、わたしの心に響いた。

ちょうどそのころ、大阪なんばの専門学校からベトナムからの留学生を対象にした対話のワークショップの話があった。日本社会の一員として外国人を受け入れることは、日本語ができるとかできないとかとは本来関係がない。むしろ人として互いに対等な関係を築くためにはどうしたらいいかということだ。この場所で、「今、これから、私のしたいこと」というテーマで、それぞれの興味・関心と自分の仕事について思い思いのことを語り綴る、留学生一人ひとりの将来の夢と対話に立ち会うことができたのはしあわせだった。

対話のことをぜひ書いてほしいという、この活動に伴走した松田真希子さん（金沢大学）とともに構想を立て、旧同僚の蒲谷宏さんにちくま新書編集部を紹介してもらったのが去年の冬のことだ。その後、イタリア・ヴェネティアでの四カ月の集中講義をはさんで、八ヶ岳の短い夏の終わりから、かの政治学者の友人と一緒に、ハンナ・アレントについて語る会を運営することになった。「政治とは自己実現である」というアレントの言説を改めて噛み締めつつ、地域の方々と対話をつづけていると、「今だけ、カネだけ、自分だけ」というエゴイズムに満ちた、この世の中のあり方を本当に変えたいと実感するようになった。

価値観の異なるさまざまな個人がともに暮らす社会のあり方、外国人と日本人という区別、日々の暮らしと新しい政治と制度の実現、等々、ことばの市民をめざした対話の活動をどう考えるか。

この難問を目の前にして、毎週金曜日発行のメールマガジン「ルビュ言語文化教育」の記事を拾い集めつつ、なかなか形にならない原稿に難渋した。何とか締切にこぎつけられたのは、最初の読者としての松田真希子・白石佳和夫妻の暖かい励ましによる。

最後になったが、企画を推進してくださったちくま新書副編集長の橋本陽介さん、全体の構成ほか細部にわたる調整をお願いした編集担当の藤岡美玲さんに厚く御礼申し上げる。

細川 英雄

二〇一九年四月、桜咲きはじめた八ヶ岳南麓、言語文化教育研究所にて

参考文献

本文で引用したもの、または関連のもので、比較的入手しやすい、最近のものを中心にしました。

ハンナ・アレント『人間の条件』志水速雄訳、ちくま学芸文庫、一九九四年
ハンナ・アレント『精神の生活（上）第一部　思考』佐藤和夫訳、岩波オンデマンドブックス、二〇一五年
ハンナ・アレント『活動的生』森一郎訳、みすず書房、二〇一五年
ハンナ・アレント『責任と判断』中山元訳、ちくま学芸文庫、二〇一六年
井庭崇、長井雅史『対話のことば――オープンダイアローグに学ぶ問題解消のための対話の心得』丸善出版、二〇一八年
大木充、西山教行、細川英雄（編）『異文化間教育とは何か――グローバル人材育成のために（リテラシーズ叢書）』くろしお出版、二〇一五年
大澤真幸『〈自由〉の条件』講談社文芸文庫、二〇一八年
小沢有作『小沢有作教育論集 共生の教育へ1――物知り教育から解放教育へ』明石書店、一九九四年
ケネス・J・ガーゲン、メアリー・ガーゲン『現実はいつも対話から生まれる』伊藤守監訳、二宮美樹訳、ディスカヴァー・トゥエンティワン、二〇一八年
小玉重夫『シティズンシップの教育思想』白澤社、二〇〇三年

小玉重夫『難民と市民の間で――ハンナ・アレント『人間の条件』を読み直す』現代書館、二〇一三年
小玉重夫『教育政治学を拓く――18歳選挙権の時代を見すえて』勁草書房、二〇一六年
権安理『公共的なるもの――アーレントと戦後日本』作品社、二〇一八年
齋藤純一『公共性（思考のフロンティア）』岩波書店、二〇〇〇年
齋藤純一『自由（思考のフロンティア）』岩波書店、二〇〇五年
齋藤孝『コミュニケーション力』岩波新書、二〇〇四年
佐伯胖、佐藤慎司（編）『かかわることば――参加し対話する教育・研究へのいざない』東京大学出版会、二〇一七年
牲川波都季、細川英雄『わたしを語ることばを求めて――表現することへの希望』三省堂、二〇〇四年
竹田青嗣『欲望論 第1巻「意味」の原理論』講談社、二〇一七年
竹田青嗣『欲望論 第2巻「価値」の原理論』講談社、二〇一七年
暉峻淑子『対話する社会へ』岩波新書、二〇一七年
苫野一徳『どのような教育が「よい」教育か』講談社選書メチエ、二〇一一年
苫野一徳『勉強するのは何のため？――僕らの「答え」のつくり方』日本評論社、二〇一三年
苫野一徳『教育の力』講談社現代新書、二〇一四年
苫野一徳『「自由」はいかに可能か――社会構想のための哲学』ＮＨＫブックス、二〇一四年
苫野一徳『はじめての哲学的思考』ちくまプリマー新書、二〇一七年
苫野一徳、リヒテルズ直子『公教育をイチから考えよう』日本評論社、二〇一六年
中島義道『「対話」のない社会――思いやりと優しさが圧殺するもの』ＰＨＰ新書、一九九七年
中野民夫『ワークショップ――新しい学びと創造の場』岩波新書、二〇〇一年

中野民夫『みんなの楽しい修行――より納得できる人生と社会のために』春秋社、二〇一四年
マイケル・バイラム『相互文化的能力を育む外国語教育――グローバル時代の市民性形成をめざして』細川英雄監修、山田悦子・古村由美子訳、大修館書店、二〇一五年
ジュディス・バトラー『アセンブリ――行為遂行性・複数性・政治』佐藤嘉幸・清水知子訳、青土社、二〇一八年
平田オリザ『わかりあえないことから――コミュニケーション能力とは何か』講談社現代新書、二〇一二年
平田オリザ『対話のレッスン――日本人のためのコミュニケーション術』講談社学術文庫、二〇一五年
パウロ・フレイレ『被抑圧者の教育学（A．A．LA教育・文化叢書Ⅳ）』小沢有作ほか訳、亜紀書房、一九七九年
デヴィッド・ボーム『ダイアローグ――対立から共生へ、議論から対話へ』金井真弓訳、英治出版、二〇〇七年
細川英雄『パリの日本語教室から』三省堂選書、一九八七年
細川英雄『日本語教育と日本事情――異文化を超える』明石書店、一九九九年
細川英雄『日本語教育は何をめざすか――言語文化活動の理論と実践』明石書店、二〇〇二年
細川英雄『論文作成デザイン――テーマの発見から研究の構築へ』東京図書、二〇〇八年
細川英雄『研究活動デザイン――出会いと対話は何を変えるか』東京図書、二〇一二年
細川英雄『「ことばの市民」になる――言語文化教育学の思想と実践（日本語教育学研究）』ココ出版、二〇一二年
細川英雄『増補改訂 研究計画書デザイン――大学院入試から修士論文完成まで』東京図書、二〇一五年

細川英雄、尾辻恵美、マルチェッラ・マリオッティ（編）『市民性形成とことばの教育——母語・第二言語・外国語を超えて（リテラシーズ叢書）』くろしお出版、二〇一六年
細川英雄、武一美（編著）『初級からはじまる「活動型クラス」——ことばの学びは学習者がつくる』スリーエーネットワーク、二〇一二年
細川英雄、三代純平（編）『実践研究は何をめざすか［新装版］——日本語教育における実践研究の意味と可能性（日本語教育学研究４）』ココ出版、二〇一八年
堀真一郎『きのくに子どもの村の教育——体験学習中心の自由学校の20年』黎明書房、二〇一三年
堀真一郎『増補 自由学校の設計——きのくに子どもの村の生活と学習』黎明書房、二〇一九年
見田宗介『現代社会はどこに向かうか——高原の見晴らしを切り開くこと』岩波新書、二〇一八年
山脇直司『公共哲学とは何か』ちくま新書、二〇〇四年
ベルナール・ライール『複数的人間——行為のさまざまな原動力（叢書・ウニベルシタス）』鈴木智之訳、法政大学出版局、二〇一三年

ちくま新書
1417

対話をデザインする
——伝わるとはどういうことか

二〇一九年六月一〇日 第一刷発行

著者 細川英雄（ほそかわ・ひでお）

発行者 喜入冬子

発行所 株式会社 筑摩書房
東京都台東区蔵前二-五-三 郵便番号一一一-八七五五
電話番号〇三-五六八七-二六〇一（代表）

装幀者 間村俊一

印刷・製本 三松堂印刷 株式会社

ISBN978-4-480-07229-0 C0280

ちくま新書

292
ザ・ディベート
――自己責任時代の思考・表現技術
茂木秀昭
「原発は廃止すべし」。自分の意見をうまく言えますか？ データ集めから、立論、陳述、相手への反駁まで、学校やビジネスに活きるコミュニケーション技術を伝授。

812
その言い方が人を怒らせる
――ことばの危機管理術
加藤重広
適確に伝えるには、日本語が陥りやすい表現の落とし穴を知ることだ。思い当たる「まずい」事例を豊富に取り上げ、言語学的に分析。会話の危機管理のための必携本。

839
実践！交渉学
――いかに合意形成を図るか
松浦正浩
問題に関係している人全員のメリットを探求する学問、「交渉学」。身近なところから国際関係まで幅広く使えるその方法論と社会的意義をわかりやすく解説する。

1088
反論が苦手な人の議論トレーニング
吉岡友治
「空気を読む」というマイナスに語られがちな行為は、実は議論の流れを知るための技でもあった！ ツッコミから反論、仲裁まで、話すための極意を伝授する。

1104
知的生活習慣
外山滋比古
日常のちょっとした工夫を習慣化すれば、誰でも日々向上できるし、人生もやり直せる。『思考の整理学』の著者が齢九十を越えて到達した、知的生活の極意を集大成。

1084
50歳からの知的生活術
三輪裕範
人生80年時代、50歳からも先は長い。定年後の人生を充実させるために重要なのが「知的生活」である。本書は、知的生活に役立つ、一生ものの勉強法を伝授する。

339
「わかる」とはどういうことか
――認識の脳科学
山鳥重
人はどんなときに「あ、わかった」「わけがわからない」などと感じるのか。そのとき脳では何が起こっているのだろう。認識と思考の仕組みを説き明す刺激的な試み。